ELOGIOS A *O DOM DA INFLUÊNCIA*

"A influência é um superpoder. Você pode usá-la para gerar bons ou maus resultados. Em *O Dom da Influência*, Tommy Spaulding nos ensina que o maior legado da nossa liderança é a influência que temos sobre aqueles que escolhem nos seguir."

— LEE COCKERELL, foi vice-presidente executivo da Walt Disney World e autor de *Criando Magia*

"*O Dom da Influência* é o melhor trabalho de Tommy Spaulding! Este é um daqueles livros que realmente mudam o mundo, mudam vidas e, certamente, mudam empresas."

— JODI ROLLAND, diretora geral da JPMorgan Chase

"Tommy Spaulding escreveu seu melhor livro até agora, pois ele tem o dom da influência, do qual eu me beneficiei grandemente. Como ninguém jamais o fez, ele me tocou, permaneceu conectado comigo e até mesmo confiou a mim as pessoas com quem ele mais se importa. Agora, *O Dom da Influência* é um presente para qualquer um que queira aumentar o impacto de sua influência pessoal. Sou grato a Spaulding e sou grato por este livro."

— STEPHEN ARTERBURN, escritor e fundador da New Life e Women of Faith

"O livro de Spaulding é um lembrete de que a interação humana é uma chance de honrar um dom. Sua habilidade de contar histórias, sua vulnerabilidade e mensagem poderosa fazem de O Dom da Influência um dos livros mais memoráveis que já li."

— DOLF BERLE, ex-CEO e presidente do TopGolf Entertainment Group

"O Dom da Influência abrirá seu coração e expandirá sua mente para o que é possível — seu impacto pessoal no mundo. Das páginas transbordam sabedoria profunda e atemporal, pontuadas com vulnerabilidade e transparência. Tommy Spaulding é um presente para o mundo!"

— MARK MILLER, vice-presidente de liderança de alta performance do Chick-fil-A e autor do best-seller The Heart of Leadership

"Nos dias atuais, em que 'influenciador' se tornou uma descrição de trabalho, seria de grande ajuda nos lembrarmos do verdadeiro significado dessa palavra e, mais importante, o que é realmente praticá-la. Sua influência pessoal é bem maior do que você pensa e, com este livro, você expandirá o seu impacto para além do que pensou ser possível. O Dom da Influência é um presente para todos nós.

— STEVE FARBER, autor de Liderança Radical, Melhor Que Você Mesmo e Love Is Just Damn Good Business

DE TOMMY SPAULDING

O Dom da Influência
The Heart-Led Leader
It's Not Just Who You Know

O DOM DA INFLUÊNCIA

CRIE UM IMPACTO TRANSFORMADOR E DURADOURO EM TODAS AS SUAS INTERAÇÕES

TOMMY SPAULDING

Rio de Janeiro, 2024

O dom da influência

Copyright © 2024 Alaúde Editora Ltda, empresa do Grupo Editorial Alta Books (Starlin Alta Editora e Consultoria LTDA).
Copyright © 2022 Tommy Spaulding.
ISBN: 978-85-7881-641-4

Translated from original The Gift of Influence. Copyright © 2022 by Tommy Spaulding. ISBN 978-0-59-313863-2. This translation is published and sold by Random House, a division of Penguin Random House LLC, the owner of all rights to publish and sell the same. PORTUGUESE language edition published by Alaúde, Copyright © 2024 by STARLIN ALTA EDITORA E CONSULTORIA LTDA.

Impresso no Brasil — 1ª Edição, 2024 — Edição revisada conforme o Acordo Ortográfico da Língua Portuguesa de 2009.

Dados Internacionais de Catalogação na Publicação (CIP) de acordo com ISBD

S739d   Spaulding, Tommy

           O dom da influência: crie um impacto transformador e duradouro em todas as suas interações / Tommy Spaulding. - Rio de Janeiro : Alaúde, 2024.
           208 p. ; 15,7cm x 23cm.

           Tradução de: The Gift of Influence
           ISBN: 978-85-7881-641-4

           1. Autoajuda. 2. Influência. 3. Interações Cotidianas. I. Nascimento, Gabriela. II. Título.

2023-523   CDD 158.1
                                             CDU 159.947

Elaborado por Vagner Rodolfo da Silva - CRB-8/9410

Índice para catálogo sistemático:
1. Autoajuda 158.1
2. Autoajuda 159.947

Todos os direitos estão reservados e protegidos por Lei. Nenhuma parte deste livro, sem autorização prévia por escrito da editora, poderá ser reproduzida ou transmitida. A violação dos Direitos Autorais é crime estabelecido na Lei nº 9.610/98 e com punição de acordo com o artigo 184 do Código Penal.

O conteúdo desta obra fora formulado exclusivamente pelo(s) autor(es).

Marcas Registradas: Todos os termos mencionados e reconhecidos como Marca Registrada e/ou Comercial são de responsabilidade de seus proprietários. A editora informa não estar associada a nenhum produto e/ou fornecedor apresentado no livro.

Material de apoio e erratas: Se parte integrante da obra e/ou por real necessidade, no site da editora o leitor encontrará os materiais de apoio (download), errata e/ou quaisquer outros conteúdos aplicáveis à obra. Acesse o site www.altabooks.com.br e procure pelo título do livro desejado para ter acesso ao conteúdo..

Suporte Técnico: A obra é comercializada na forma em que está, sem direito a suporte técnico ou orientação pessoal/exclusiva ao leitor.

A editora não se responsabiliza pela manutenção, atualização e idioma dos sites, programas, materiais complementares ou similares referidos pelos autores nesta obra.

Produção Editorial: Grupo Editorial Alta Books
Diretor Editorial: Anderson Vieira
Editor da Obra: Ibraíma Tavares
Vendas Governamentais: Cristiane Mutüs
Gerência Comercial: Claudio Lima
Gerência Marketing: Andréa Guatiello

Produção Editorial: Gabriela Paiva, Mariana Portugal
Tradução: Gabriela Nascimento
Copidesque: Carolina Freitas
Revisão: Evelyn Diniz, Vinicius Barreto
Diagramação: Alice Sampaio
Capa: Karma Brandão

Rua Viúva Cláudio, 291 — Bairro Industrial do Jacaré
CEP: 20.970-031 — Rio de Janeiro (RJ)
Tels.: (21) 3278-8069 / 3278-8419
www.altabooks.com.br — altabooks@altabooks.com.br
Ouvidoria: ouvidoria@altabooks.com.br

Editora
afiliada à:

Dedicado ao meu enteado, Anthony.
Obrigado por servir ao nosso país e por ser um presente na minha vida.

SUMÁRIO

PRÓLOGO
CINQUENTA CARTAS XIII
80 Mil XIX

PARTE I
INFLUENCIADORES LIDERAM 1
Levantar: 36 Folhas de Papel 3
Envolver: O Capitão 9
Agir: O Líder de Gangue 15
Dedicar-se: O Que Tem na Sua Mala? 25

PARTE II
O PRIMEIRO I DA INFLUÊNCIA: INTERESSE 31
Sanduíche de US$500 Mil 33
Todos Têm uma História 37
Transforme Negociações em Interações 47
Normalize a Gentileza 55

PARTE III
O SEGUNDO I DA INFLUÊNCIA: INVESTIMENTO 65

Qual o Meu Legado? 67
Cumpra com a Sua Palavra 71
Inicie uma Sequência de Influência 87
Seja um Investidor-Anjo 93

PARTE IV
O TERCEIRO I DA INFLUÊNCIA: INTENÇÃO 103

Faca de Dois Gumes 105
Influenciadores Comem por Último 115
Você Monopoliza o Ventilador? 125
Peça Ajuda 141

PARTE V
O CICLO DA INFLUÊNCIA 149

Águias e Gaivotas 151
O Último I da Influência 157
Multiplique Sua Influência por 10 165

EPÍLOGO
TRÊS PERGUNTAS 173
Agradecimentos 179

SOBRE O AUTOR 181

O DOM DA INFLUÊNCIA

PRÓLOGO

CINQUENTA CARTAS

Cinquenta e um dias antes do meu aniversário de 50 anos, eu estava em um voo da Southwest Airlines, a caminho de Denver. Foi uma viagem agitada, o sinal do cinto de segurança piscava sem parar. À medida que começamos a descer, entramos em uma zona de turbulência e o avião despencou alguns metros. Malas caíram, bebidas derramaram, passageiros gritaram. Como muitas pessoas nessa situação, eu comecei a rezar. No entanto, eu não estava rezando para o avião se estabilizar — eu estava rezando para cair.

Eu queria deixar de viver. Se o avião caísse, minha família receberia um bom dinheiro do seguro e eu poderia ter uma morte digna, sem que ninguém soubesse o quão dolorosa minha vida tinha se tornado. Porém, o 737 se estabilizou e pousou em segurança em Denver. Enquanto observava os passageiros desafivelarem seus cintos, mandarem mensagens aos seus entes queridos e seguirem com suas vidas, me acometeu uma terrível sensação de vergonha. Uma queda de avião teria resolvido os meus problemas, mas as outras pessoas ali não queriam morrer. Os problemas de ninguém valem a vida de centenas de pessoas inocentes.

A verdade é que, naquele momento, eu tinha perdido toda esperança. Eu era incapaz de ver a bondade nas pessoas; eu via apenas cinismo, fingimento e ódio. Isso foi o resultado de uma bola de neve gerada por três situações que, juntas, atingiram o ápice.

A primeira envolveu o ex-marido de minha esposa, Jill. Quando conheci Jill, quase 20 anos atrás, ela era divorciada e tinha um filho de 3 anos, Anthony. Eu me apaixonei por ambos imediatamente, e pedi-la em casamento ainda é a melhor decisão que eu já tomei. Quando Jill e eu tivemos filhos, fruto do casamento, eu estava determinado a fazer com que Anthony se sentisse igualmente amado. Também estava determinado a incluir seu pai, Mike, em nossa família.

A princípio, Mike não gostou da ideia de outra figura paterna na vida de Anthony, mas ele se aproximou de mim. Jill e eu o convidamos para aniversários e feriados. Mike e eu fomos a jogos de hóquei juntos. Até saímos de férias para o México, como uma família grande e feliz. Porém, à medida que Anthony e eu nos aproximávamos, Mike se tornou verbalmente abusivo comigo. Quando ele começou a fazer ameaças graves, eu chamei a polícia e um juiz nos concedeu uma ordem de restrição para toda a vida — o bullying que ele cometia se tornou ruim mesmo. Mas o dano tinha sido causado e aquele tormento levou minha família ao colapso.

A segunda situação envolveu uma mulher com quem fiz uma parceria para desenvolver um programa de desenvolvimento de liderança para empresas. Ela era muito talentosa, porém, após seis meses, ficou claro que nossos valores não se alinhavam e eu deixei o negócio. Alguns meses depois, meus familiares, amigos e clientes mais próximos se reuniram para o lançamento do meu segundo livro, *The Heart-Led Leader* [O Líder de Coração, em tradução livre]. Era um dos momentos mais felizes da minha vida — até que um homem se aproximou de mim, na mesa de autógrafos, para me entregar alguns papéis. Minha antiga parceira estava exigindo metade do lucro de todas as futuras vendas e palestras que envolvessem o livro. Seu advogado ameaçou me arruinar se eu não cedesse. No momento em que eu embarquei naquele voo da Southwest Airlines, o processo havia me custado mais de US$100 mil em despesas judiciais.

Por fim, enquanto estava em uma batalha legal, eu tomei a pior decisão de negócios da minha vida: Comprei uma franquia de sanduíches. Eu tinha o sonho de contratar jovens desfavorecidos cursando ensino médio e ensiná-los habilidades de liderança no mercado de trabalho. Tinha tudo planejado — exceto como, de fato, gerir uma loja de sanduíches. A localização da minha loja era péssima, eu estava preso a um arrendamento a longo prazo e, em pouco tempo, eu estava perdendo mais de US$10 mil ao mês e caminhando para a falência.

Eu estava, essencialmente, vivendo duas vidas. A primeira como Tommy Spaulding, escritor de best-seller que faz discursos motivacionais para multidões. Este Tommy Spaulding era um especialista em liderança, com uma típica família americana, que ensinava a todos, desde CEOs que apareciam na lista da Fortune 500[1], até estudantes do ensino médio. Porém, quando as luzes se apagavam e a multidão ia embora, quando os cheques eram compensados e a música acabava, eu era o Tommy Spaulding, do fiasco dos sanduíches que nunca parava em um mesmo lugar. Esse Tommy Spaulding estava sendo processado em milhões de dólares e estava viajando a trabalho por 250 dias ao ano para não perder sua casa, ou ter que tirar seus filhos da escola particular. Esse Tommy Spaulding encontrou pessoas novas e imaginou de que forma terrível elas tentariam machucá-lo ou tirar vantagem dele. Esse Tommy Spaulding ensinou habilidades de liderança a milhares de pessoas e, em seguida, entrou em um avião e rezou para que ele caísse.

Na manhã seguinte ao voo, estava deitado na cama. Era a primeira vez, em semanas, que eu estava em casa. Normalmente eu me levanto cedo, mas me senti tão deprimido que não consegui levantar. Minha mente fervilhava com todas as coisas que eu tinha que fazer, todo o dinheiro que teria que gastar com advogados, todas as pessoas que me machucaram. Então, sem avisar, Jill entrou no quarto com uma dezena de balões. Ela abriu as cortinas e a brilhante luz do sol entrou. Meus olhos mal tiveram tempo de se ajustar antes que ela pulasse na cama e colocasse "*Birthday*", dos Beatles, para tocar em uma caixa de som sem fio.

— É seu aniversário! — gritou ela, enquanto dançava sobre mim.
— É seu aniversário!

---

[1] Fortune 500 é um ranking, feito pela revista Fortune, das empresas públicas ou privadas de maior receita dos Estados Unidos.

"Ah meu Deus", pensei, ainda meio sonolento. Eu pensei que era eu quem estava enlouquecendo.

— Querida, meu aniversário é só dia 31 de agosto — respondi rouco.

— Não, Tommy — disse ela, enquanto Paul e John cantavam *"They say it's your birthday / We're gonna have a good time"*. — Hoje faltam exatos cinquenta dias para o seu aniversário. E você vai ganhar seu primeiro presente hoje.

— Você me comprou aquele Porsche? — brinquei. Quando Jill me perguntou, alguns meses atrás, o que eu queria de aniversário, eu disse que queria um Porsche 911 prateada. Não podíamos comprá-lo, mas dirigir por Denver com um conversível era, literalmente, a única forma que eu conseguia me imaginar feliz.

— Não — respondeu Jill, ainda saltitando nas minhas pernas. — Eu tenho algo muito melhor. — Então ela saiu da cama, abaixou o volume da música e me entregou uma carta escrita à mão. — Como eu disse, são cinquenta dias até seu aniversário de 50 anos. Eu vou te dar uma dessas em cada um deles. Aqui está a primeira.

Eu senti uma pedra pesando no fundo do meu estômago quando reconheci a caligrafia elegante. Era da minha mãe. Ela e eu tivemos um relacionamento bom, porém desafiador, durante meu crescimento. Minha mãe me amava muito, mas ela tinha uma forma única de demostrar. Ela comandava a casa com rigorosidade e me dava mais tarefas do que os pais de todos os meus amigos juntos. Uma coisa que eu não suportava era que, após as minhas festas de aniversário, ela colocava uma pilha de papel em branco na mesa. "Agora escreva um agradecimento a cada um que esteve aqui hoje", exigia. Eu tinha grandes aniversários católicos e italianos quando era criança, então havia dezenas e mais dezenas de cartas para escrever. Ela revisava cada uma e, se alguma parecesse genérica ou sem emoção, eu teria que reescrevê-la.

Porém, agora, décadas depois, ela tinha me escrito uma carta no meu aniversário. Foi a coisa mais linda que eu já li. Ela me contou o quanto me amava. Ela me disse como se orgulhava da diferença que eu estava fazendo no mundo e de todas as vidas que eu mudei. Eu li e reli aquela carta e chorei mais a cada vez. Finalmente, eu olhei para Jill, que também estava chorando.

— Feliz aniversário, querido — disse ela.

Em cada um dos próximos 49 dias, Jill me entregou outra carta. Meu amigo Byron me agradeceu por mudar a vida de seus dois filhos. Meu agente literário, Michael, disse que é mais gentil com as pessoas por conta da minha influência. Meu mentor, Jerry, disse que me amava como a um filho. Meu técnico de climatização, Russ, escreveu que eu o ensinei a amar profundamente. E muito mais. Pessoas me dizendo não somente o quanto elas me amavam, mas o quanto eu as *influenciei*. Como eu as ajudei a se tornarem filhos, filhas, pais, cônjuges e chefes melhores. Como eu os ensinei a liderar e os inspirei a servir aos outros. Agora, no meu momento mais sombrio, eles estavam me influenciando com suas belas cartas. E eles salvaram minha vida.

A cada dia que passava, com cada carta, a neblina diminuía. Meus três problemas terríveis pareciam mais administráveis. Os advogados se tornaram menos desprezíveis. Minha depressão menos profunda. Eu não era mais o homem que entrou em um avião e rezou para que ele caísse. Jill pode não ter me dado o Porsche prateado no meu aniversário de 50 anos, mas ela me deu algo infinitamente mais importante.

Ela me deu o dom da influência.

80 MIL

Imagine a seguinte cena: Muitos anos no futuro, após morrer cercado por seus entes queridos, você adentra um nebuloso pôr do sol no limiar entre a vida e a morte. Você não está no céu ainda, mas na lateral de um estádio gigantesco. Para mim é o estádio Empower Field, em Mile High, no Colorado, lar dos Denver Broncos. Para você pode ser o Lambeau Field, em Green Bay, Wisconsin; o MetLife Stadium, em East Rutherford, Nova Jersey; o Notre Dame Stadium, em Indiana; o Estádio Nacional de Pequim; ou o estádio de Wembley, em Londres. O local está com sua capacidade máxima de 80 mil pessoas. Porém, essas pessoas não estão ali para assistir a um evento esportivo. Elas estão todas ali para se despedir de você.

A multidão murmura e fica de pé à medida que você se aproxima do meio do campo. Muitos rostos são de pessoas que você conhece: amigos, familiares, vizinhos, colegas de trabalho. Porém, o restante você reconhece vagamente: antigos clientes e empregados, amigos de amigos, colegas de classe, seu eletricista, o técnico de basquete da sua filha, o carteiro. Esses são os relacionamentos transacionais da sua vida, sobre os quais você raramente pensa. As pessoas que não se lembram do seu nome, mas se lembram de como você as tratou. Essas 80 mil pessoas estariam batendo os pés, aplaudindo e gritando seu nome para agradecer a influência positiva que você teve na vida delas? Ou estariam em silêncio? Ainda pior, a multidão vaiaria e amaldiçoaria seu nome?

O Dom da Influência

Aqui está uma pergunta ainda mais importante: Se você soubesse, agora mesmo, que cada pessoa que você influenciou estaria esperando por você em um estádio ao final da sua vida, como isso o afetaria hoje? Você lideraria e amaria de forma diferente? Você trataria as pessoas um pouco diferente? Talvez muito diferente?

Alguns anos atrás, meu projeto sem fins lucrativos para jovens, National Leadership Academy, sediou a nossa festa de angariação de fundos anual, Book-n-Benefit. Nós sempre apresentamos um discurso principal de algum escritor de best-seller e naquele ano convidamos meu amigo, Jon Gordon, autor de *O Ônibus da Energia*, *O Poder da Liderança Positiva*, dentre outros. Eu amo esse cara e estou entre os milhões que leem seus livros religiosamente. Jon é um palestrante cativante e, assim como o restante do público naquele dia, eu estava atento a cada uma de suas palavras.

Ao final de sua palestra, Jon disse algo que mexeu comigo profundamente:

— Eu soube de um estudo recente que mostra que uma pessoa mediana influencia 80 mil pessoas em sua vida, positiva ou negativamente.

Senti tudo ficar quieto à medida que absorvia as palavras. Nós influenciamos 80 mil pessoas durante as nossas vidas. Comecei a fazer as contas em minha cabeça. Se você dividir 80 mil pela expectativa média de vida — 78 anos — você tem 1.025 pessoas impactadas por ano, ou 2,8 diariamente. Cada dia, duas ou três pessoas estão adentrando o seu estádio e se preparando para aplaudi-lo ou vaiá-lo até que saia de campo, ou se sentar lá, tentando descobrir quem você é. Você pode escolher ser uma boa influência, ou você pode escolher ser uma influência ruim. Simples assim. Seu estádio estará cheio de 80 mil aplausos ou vaias? A escolha é sua. As 80 mil pessoas em seu estádio não se lembrarão de como você lidou com elas ou as liderou. Elas não se lembrarão de quais produtos você as vendeu, ou os serviços que você providenciou. Elas simplesmente se lembrarão das ações e das palavras que mudaram suas vidas — seu legado de influência.

No sentido mais básico, influência significa ter um efeito duradouro no caráter ou comportamento de outra pessoa. Em outras palavras, as pessoas com os estádios mais barulhentos, aquelas arenas vibrantes onde até mesmo os que se encontram nos assentos mais altos estão batendo seus pés e gritando, são os melhores influenciadores. Eu não o culpo se essa palavra o faz torcer o nariz. Vá em frente, procure no Google a palavra "influenciador" e veja o que aparece. Os primeiros resultados são sites como "Marketing de influência", "os maiores influenciadores do TikTok" e "Como fazer dinheiro sendo influenciador de redes sociais". A palavra sequer tinha sido adicionada ao dicionário até 2019: "Uma pessoa com a habilidade de influenciar potenciais compradores de um produto ou serviço, ao promover ou recomendar os itens por redes sociais."

Em outras palavras, ser um influenciador é sobre ganhar dinheiro para fazer outras pessoas comprarem coisas. É, não é exatamente a mensagem mais inspiradora do mundo. Talvez, se você for uma das Kardashians, terá um estádio cheio de pessoas que compraram produtos por causa das suas postagens no Instagram. Contudo, para o resto de nós, ser um influenciador significa algo muito mais pessoal.

Uma das maiores influenciadoras que eu conheço é minha esposa, Jill. Quando eu estiver no estádio dela algum dia, aplaudindo vigorosamente, eu estarei pensando em como ela me influenciou a me registrar no Marriott Vacation Club. Estarei pensando sobre como ela salvou a minha vida com suas cinquenta cartas. A verdade é que "influência" se tornou uma palavra negativa. Está associada a manipulação de pessoas, a conseguir com que elas façam algo para o seu benefício. Apesar de ser fácil culpar a Kylie Jenner, o Dwayne "The Rock" Johnson e outras estrelas das redes sociais que recebem milhões de dólares por postagens sobre tequila, a palavra "influência" foi degradada bem antes do Instagram ser inventado.

O livro fundamental sobre influência é *Como Fazer Amigos e Influenciar Pessoas*, de Dale Carnegie. Desde que foi publicado, em 1936, o livro vendeu mais de 30 milhões de cópias e está na 19ª posição na lista dos cem livros mais influentes da revista *Time*. Eu já falei muito sobre como Dale Carnegie mudou minha vida, como seu livro me fez enviar notas escritas a mão, fazer perguntas significativas, evitar conflito desnecessário e me conectar com as pessoas. Eu apreciava *Como Fazer Amigos e Influenciar Pessoas* e ainda aprecio, mas, à medida que amadurecia, comecei a lê-lo mais atentamente. Por exemplo, aqui estão alguns dos títulos dos capítulos: "Aumente Sua Popularidade", "Como

O Dom da Influência

Conquistar as Pessoas Para o seu Modo de Pensar", "Ganhe Novos Clientes, Novos Consumidores" e "Aumente Seu Poder de Ganho". Carnegie até mesmo nos ensina a como "deixar a outra pessoa se sentir como se a ideia fosse dela". Percebe um padrão?

É só sobre você.

Você acha que as 80 mil pessoas em seu estádio se lembrarão do quão bem-sucedido você foi em conquistá-las para o seu modo de pensar? Provavelmente não. Elas celebrarão porque você as ajudou a se tornarem melhores pais, cônjuges, irmãos, gerentes e líderes. Elas se lembrarão de como você as inspirou a se tornarem seres humanos melhores. Elas se lembrarão das vezes em que você as amou e as serviu. Elas estarão aplaudindo porque você investiu, autenticamente, nelas. Eu demorei metade de uma vida para entender que não é sobre o que você pode conseguir dessas 80 mil pessoas — é o que você dá a elas.

No meu primeiro livro, *It's Not Just Who You Know* [Não é Apenas Sobre Quem Você Conhece, em tradução livre], eu discuto a importância de construir relacionamentos duradouros. Compartilho como o investimento altruísta na vida dos outros é a coisa mais importante que podemos fazer para nós mesmos, nossas empresas, nossas comunidades e nosso mundo. Em meu segundo livro, *The Heart-Led Leader*, eu discuto como líderes autênticos vivem e lideram com o coração e como eles servem aos outros antes de servirem a si mesmos. Porém, nos anos seguintes, eu tive dificuldades com algumas questões importantes: Quais as habilidades específicas que os líderes precisam para ter um impacto capaz de mudar vidas? Quais os hábitos eles praticam no dia a dia? Quais as decisões que nós tomamos todos os dias, subconscientemente, têm um impacto descomunal nas pessoas? Por fim, e mais importante, qual é o maior legado de um líder?

A resposta para essas questões, como você deve ter adivinhado, é a influência. Agora, é fácil definir a má influência. Você, provavelmente, teve um ou dois chefes que tentaram te influenciar através do domínio e da manipulação. Essas pessoas dependem do medo e da intimidação para conseguir o que querem. Por outro lado, você pode ter tido aquele chefe que sempre reconhecia seus esforços, nunca puxou o seu tapete e investiu em sua carreira. Na escola talvez houvesse um professor que sempre tornava o aprendizado divertido. Ou um amigo que sempre se mostrava presente durante seus momentos mais difíceis.

Alguns influenciadores podem ser CEOs, coaches e presidentes, mas a maioria tem vidas mais quietas. Eles constroem relacionamentos autênticos e dão sem esperar nada em troca. Eles constantemente perguntam a si mesmos, "Como eu posso ser útil hoje?" Eu tive a sorte de encontrar milhares de influenciadores na minha vida, a grande maioria são aqueles que você nunca ouviu falar. Conheci influenciadores de muitas raças, gêneros e orientações sexuais. Eles vêm de países diferentes. Alguns votam nos Democratas e alguns votam nos Republicanos. Eles vivem no interior ou em grandes cidades. Eles não têm quase nada em comum, exceto por quatro características principais: a habilidade de **L**evantar, **E**nvolver, **A**gir e **D**edicar-se aos outros — em outras palavras, **LIDERAR**[2].

Nos próximos quatro capítulos, eu vou te contar quatro histórias sobre pessoas excepcionais que incorporam essas qualidades: uma professora de matemática em uma escola secundária, um jogador de hóquei de 9 anos de idade, um líder de gangue e uma freira católica. Não consigo pensar em quatro pessoas que são menos parecidas entre si, exceto por sua habilidade de liderar e inspirar os outros através do poder da influência positiva. Após esses capítulos, nós vamos cavar mais fundo no que quer dizer LIDERAR os outros. Isso significa, chegar ao cerne da própria influência: interesse, investimento e intenção, ou o que eu chamo de "os três i's da influência."

A minha promessa para você é a seguinte: Se você se comprometer a viver uma vida de influência positiva, jamais olhará para os seus relacionamentos pessoais e profissionais do mesmo jeito. Se você se comprometer a construir uma cultura de influência em suas equipes e empresas, irá testemunhar resultados inéditos e sucesso. Terminará cada dia sabendo que mudou a vida de alguém para melhor. E, como eu descobri a cinquenta dias do meu aniversário de 50 anos, quando você está derrotado, quando a vida te deu limões, as pessoas que você influenciou ao longo do caminho irão te levantar e te levar de volta para casa.

---

[2] A palavra inglesa LEAD [liderar] forma o acrônimo utilizado pelo autor. [N. da T.]

Como eu aprendi, liderança não é sobre influência. Liderança *é* influência. As 80 mil pessoas que você encontrará em sua vida serão melhores ou piores por causa da influência positiva ou negativa que você teve sobre elas. A escolha é sua. Continue lendo — partimos em uma jornada para começar a preencher seu estádio, uma vida mudada por vez.

PARTE I

INFLUENCIADORES LIDERAM

LEVANTAR: 36 FOLHAS DE PAPEL

Você já ouviu uma história inesquecível — uma na qual não conseguiu parar de pensar por dias, ou até anos? Histórias desse tipo não são apenas comoventes, elas nos fazem, fundamentalmente, repensar nossas presunções. Elas mudam a forma como enxergamos e tratamos as pessoas. Elas mudam a forma como vivemos e lideramos.

Estou prestes a te contar uma dessas histórias. Quando a ouvi pela primeira vez, tudo pareceu parar, como se o próprio tempo desacelerasse sua marcha incansável para garantir que eu ouvisse sobre uma professora de ensino fundamental chamada Sra. Lynn. Com um simples exercício durante uma aula, em um claro dia de primavera, ela ensinou a uma turma cheia de alunos do oitavo ano que não importava o quão sozinhos eles pudessem se sentir, ou o quão sombria e fria a vida pudesse ser, eles eram amados.

Isso não é um filme de Hollywood sobre a Sra. Lynn. Eu garanto que você nunca ouviu nada sobre ela. Porém, a história da Sra. Lynn mexeu comigo mais do que qualquer filme ou livro jamais conseguiu, porque ela ilustra lindamente o simples e incrível poder de levantar as outras pessoas. Isso, em essência, é o que significa a influência. Não é dizer para as pessoas como elas são incríveis, é *mostrar* como são incríveis. Exaltar os outros significa identificar momentos — não importa o quão insignificantes eles pareçam ser — de mostrar que eles importam.

Após ler sobre Sra. Lynn, eu o desafio a desacelerar. Desacelere à medida que vive seu dia a dia. Desacelere enquanto interage com seus colegas de trabalho, desacelere quando for jantar com sua família, desacelere quando for pedir comida em um restaurante. Desacelere, esteja ciente das pessoas ao seu redor e pergunte a si mesmo: Como eu posso exaltá-las, mesmo que só um pouco?

Em uma sexta-feira quente e ensolarada, em março de 1962, uma professora de 30 anos de idade, chamada Sra. Lynn, caminhou para sua aula de matemática no oitavo ano. Era o último tempo do dia, antes das férias de primavera começarem oficialmente, e a Sra. Lynn tirou um momento para sentir a energia da sala.

Agora, imagine-se de volta ao oitavo ano. Sua mente não está muito focada em geometria, para início de conversa. Porém, às 3 horas da primeira e linda tarde de primavera, após um longo e frio inverno? A apenas 50 minutos do início de uma longa semana de férias? Esqueça.

A Sra. Lynn observou dois garotos em uma competição de lutinha e três garotas trocando bilhetinhos na terceira fileira. No canto, havia uma garota esfregando os olhos avermelhados e inchados. O nome dela era Betty e a Sra. Lynn sabia que os pais dela estavam no meio de um processo de divórcio. O restante da classe olhava ansiosamente pela janela, esperando para aproveitar um breve lampejo da primavera. Ela olhou para seu plano de aula: o teorema de Pitágoras. De forma alguma a turma absorveria $A^2+B^2=C^2$ e o porquê de ser importante calcular a hipotenusa de um triângulo retângulo. A maioria dos professores seguiria com a lição de qualquer forma. Porém, a Sra. Lynn não era como a maioria dos professores.

Após acalmar os lutadores e dizer para as garotas guardarem seus bilhetinhos, ela tirou uma página do seu fichário de três argolas e a levantou para a turma.

— Vocês veem essa folha de papel? Esse é o meu plano de aula para hoje.

Trinta e seis pares de olhos encararam a folha inexpressivos e depois se voltaram para a janela. Com um leve sorriso, a Sra. Lynn o rasgou e jogou

Tommy Spaulding

os pedaços no lixo. A classe explodiu em aplausos. Até mesmo Betty, ainda lutando contra as lágrimas, tinha um pequeno sorriso no rosto.

— Vamos fazer o seguinte hoje — disse a Sra. Lynn — Todos peguem uma folha de papel e um lápis. — Ela tinha prendido a atenção deles agora. Os lutadores, as passadoras de bilhetes, Betty, todos vasculharam suas carteiras. No meio tempo, ela escreveu o primeiro nome de cada aluno no quadro. — No lado esquerdo da sua folha, eu quero que você faça o que eu estou fazendo. Liste o primeiro nome de todos na sala.

Houve uma agitação de lápis escrevendo, um burburinho de animação. Algo nessa lição parecia bem diferente.

— Tudo bem — disse a Sra. Lynn, quando os lápis se aquietaram. — Agora, em frente a cada nome, eu quero que vocês escrevam uma palavra ou frase que resuma o que você ama, admira, respeita ou aprecia sobre essa pessoa. Algo positivo que você notou sobre ela. Entenderam?

As trinta e seis cabeças assentiram vigorosamente e, outra vez, houve uma agitação de lápis. Os lutadores encararam a folha, ocasionalmente levantando as cabeças para examinar a próxima pessoa na lista. As passadoras de bilhete escreviam mais rápido do que seus cérebros poderiam pensar, pausando frequentemente para limpar o pó de borracha do papel. Até os olhos de Betty pareciam menos vermelhos enquanto ela considerava cada um dos nomes e escrevia o que admirava sobre eles com sua caligrafia cheia de voltas. Pela primeira vez na história das aulas de matemática do quinto horário da Sra. Lynn, não houve um único pio por 50 minutos. Quando o sinal tocou, os alunos se apressaram para terminar suas listas e a Sra. Lynn os dispensou, livres para aproveitar as férias de primavera.

Durante suas férias, a Sra. Lynn fez o seguinte: Ela pegou trinta e seis folhas em branco e, no topo de cada uma, escreveu o nome de um aluno da sua turma do oitavo ano. Em seguida, ela adicionou o elogio que foi escrito sobre eles. São 1.260 mensagens separadas para organizar e registrar. Tomou toda a sua semana.

Na segunda-feira após as férias de primavera seus alunos retornaram, mais bronzeados, com arranhões e hematomas recentes da semana de aventuras. Quando a aula começou, ela entregou a cada

O Dom da Influência

aluno sua lista. Ela observou seus rostos enquanto eles liam o que seus colegas tinham escrito. Alguns deram risadas. Outros coraram. Houve algumas lágrimas, até entre os meninos. Mas estavam todos radiantes.

E assim o exercício havia terminado. A Sra. Lynn retornou para sua lição sobre calcular a hipotenusa de um triângulo retângulo. Os alunos guardaram seus papéis, preparados com tanto cuidado pela professora de matemática, dentro de suas mochilas. Seus olhos vagaram de volta para a janela e eles pensaram sobre paixonites, amigos, esportes, férias de verão e tudo o mais que tem na mente típica de uma criança do oitavo ano. Pouco tempo depois chegou o fim do ano escolar e os alunos da Sra. Lynn seguiram para o ensino médio.

Alguns anos se passaram. Era agora o final dos anos 1960 na América, com a Guerra do Vietnã a todo vapor. Em 1968 mais de meio milhão de americanos estavam lutando nas florestas contra um novo tipo de inimigo, que usava táticas de guerrilha e armadilhas explosivas. Soldados se arrastavam por rios e pântanos e todo o tipo de inferno, sem saber quando viria o próximo ataque, quem seria o próximo alvo de um atirador, quem seria o próximo a tropeçar em uma mina.

Um dia, a Sra. Lynn estava corrigindo provas em seu sofá, quando o telefone tocou. A mulher do outro lado da linha mal conseguia se manter calma. Ela explicou que seu filho, Mark, fora morto durante a batalha de Khe Sanh, enquanto defendia uma base militar dos ataques do exército do Vietnã do Norte. Ela e o marido ficariam honrados se ela pudesse comparecer ao funeral. A Sra. Lynn buscou na memória e finalmente se lembrou de Mark: ele era um dos lutadores de sua antiga turma no quinto horário. Ela se sentou no sofá, em choque. Parecia ontem que Mark estava brincando em sua carteira, um brilho em seus olhos, um tênue sinal do futuro bigode sobre seus lábios, o resto de sua vida diante de si. E ele partira.

A Sra. Lynn foi ao funeral e ficou um bom tempo do lado de fora da igreja, olhando as fotos de Mark em exposição. Havia uma foto dele vestindo o uniforme. Ele parecia elegante, bem maior do que o menino de quem ela se lembrava, mas o mesmo sorriso estava lá. Após o sermão, os pais de Mark convidaram a Sra. Lynn até sua casa, onde fariam uma pequena celebração à vida dele. Assim que chegou, ela reconheceu outros membros da turma: lá estavam o outro lutador, as passadoras de bilhetes e até mesmo Betty, que superou o divórcio dos pais e se tornou uma mulher forte. A Sra. Lynn ficou parada desconfortavelmente em um canto. A maioria dessas pessoas conhecia Mark intimamente por anos; eles contavam histórias atrás de histórias sobre sua bondade, inteligência e bravura. Ela se sentiu envergonhada. Mal o conhecia, que tipo de influência ela poderia ter tido?

Então, o pai de Mark se aproximou dela.

— Venha comigo. Eu gostaria de te mostrar uma coisa. — Ele a guiou para fora da sala de estar, pelo corredor, para dentro de um quarto adornado com posteres de bandas de rock e lendas dos esportes. Era o quarto de Mark. Na pequena escrivaninha havia alguns livros, fotos antigas e troféus da Little League. A cama de solteiro no canto ainda estava coberta com um lençol do Nebraska Cornhuskers, cuidadosamente arrumado. Mas havia uma coisa no meio da cama que não pertencia a uma criança. Um capacete verde camuflado de infantaria. Um frio instrumento de guerra cercado por todas as memórias de uma infância inocente.

O pai de Mark pegou o capacete e o virou. De trás de uma das alças, ele tirou um pedaço de papel amarelado, manchado de suor, preso com uma fita, que parecia ter sido dobrado milhares de vezes.

— Aqui — disse ele, entregando-a o papel. — Encontramos isso no capacete dele. Estava com ele quando foi morto. Abra.

Com as mãos tremendo, ela desdobrou cuidadosamente o frágil papel. Apesar dos anos que se passaram, ela soube instantaneamente do que se tratava. No topo da página, ela reconheceu um nome escrito com sua própria caligrafia: "Mark". Abaixo estava uma lista de 35 palavras e frases: "Engraçado", "Tem olhos gentis", "Sempre diz oi para mim", "Um bom garoto", "O melhor quarterback". E a lista seguia. A Sra. Lynn leu uma, duas, três vezes. Por fim, ela levantou os olhos lacrimejantes.

Um jovem rapaz alto entrou no quarto. Era o melhor amigo de Mark — o outro lutador.

— Eu também guardo a minha lista — disse ele. — Está na primeira gaveta da minha escrivaninha, em casa.

O Dom da Influência

Uma jovem mulher entrou no quarto, uma das passadoras de bilhete.

— A minha está no meu álbum de casamento agora — disse ela chorando.

Então Betty se aproximou, buscou em sua bolsa e tirou um pedaço de papel desgastado.

— Sra. Lynn, houve vezes em que eu lia esse papel toda noite antes de dormir. Obrigada.

A Sra. Lynn ficou parada ao lado da cama de Mark e olhou para os rostos das pessoas amontoadas ao redor dela: a mãe e o pai de Mark, Betty, os outros dois alunos da aula de matemática. Com um gesto amável em uma sexta-feira preguiçosa antes das férias de primavera, ela havia mudado fundamentalmente 36 vidas.

A Sra. Lynn se sentou na cama e, de repente, percebeu que ela era mais do que uma professora de matemática do oitavo ano. Pela primeira vez desde que recebera a terrível ligação da mãe de Mark, ela apoiou a cabeça nas mãos e chorou.

ENVOLVER: O CAPITÃO

Como qualquer pai, eu adoro meus filhos. Tenho que me segurar ou vou contar vantagens sobre eles sem parar. Isso é verdade, em especial quando se trata do meu filho Tate, que é um dos melhores jogadores de hóquei da sua faixa etária no país. Uma das maiores alegrias da minha vida tem sido assistir Tate tão pura e perfeitamente confortável patinando no gelo.

Durante a maior parte da sua infância, eu pensei que o que fazia Tate ser especial era sua habilidade de patinar mais rápido que outros jogadores com o dobro do seu tamanho e fazer tacadas impossíveis parecerem fáceis. Aprendi o quão errado estava pouco tempo depois que ele completou 9 anos, quando um garoto chamado Tristan se juntou à equipe de treino do time de hóquei competitivo que ele fazia parte. Enquanto os outros jogadores viram instantaneamente um alvo, o reflexo de Tate foi abraçar Tristan e mostrar a todos ao redor dele do que se trata a liderança.

Tate demonstrou, para mim, a simples coragem de abraçar as pessoas por quem elas são. Isso não parece um conceito complexo, mas poucos de nós são bons nisso. Quando vemos alguém sofrendo, em especial estranhos, nosso instinto é olhar para o outro lado em vez de procurar ajudar. Envolver também significa ver e dar valor a alguém para além do que ele pode nos proporcionar. Em uma era em que cortamos pessoas das nossas vidas por conta de sua aparência, de qual igreja frequentam ou não, do que postam nas redes sociais, ou de quem eles votaram, a habilidade de envolver, verdadeiramente, o próximo sem questionar, é muito rara.

Enquanto lê essa história, eu o desafio a pensar sobre as pessoas na sua vida que você instintivamente empurra para longe. As pessoas que são difíceis de amar. As que você descarta por serem diferentes. E se pudéssemos simplesmente amar e envolvê-las, mesmo que não concordemos em tudo? Há tanto que podemos aprender de influenciadores como Tate. É preciso apenas abrir nossos corações.

Tate nasceu com um taco de hóquei nas mãos. É a sua paixão —, ou melhor, sua obsessão. Aos 9 anos de idade, ele se levantava às 5 horas da manhã para treinar hóquei antes da escola. Jill e eu contamos aos nossos amigos que Tate patina melhor do que ele anda. E isso é só metade piada. Quando ele era mais novo, em vez de nos pedir para ler livros ilustrados na hora de dormir, Tate insistia que recitássemos todos os recordes da carreira de Wayne Gretzky na NHL.

— Agora eu sei todos os recordes que vou quebrar — dizia ele, após terminarmos. Então, sim, "obsessão" é a palavra certa para usar quando se trata do amor de Tate pelo hóquei.

Anos atrás, logo após Tate completar 9 anos, eu o levava de carro até a pista de hóquei, em um horário cedo demais, quando ele me perguntou:

— Papai, o que é preciso para se tornar um capitão?

No meu estado meio sonolento, eu respondi:

— Para ser capitão, Tate, você não precisa ser o melhor jogador. Você precisa ser a melhor pessoa. O capitão tem o maior coração do time, porém, mais importante, a maior influência sobre seus colegas de time. Ser um capitão significa envolver os colegas mais fracos e ajudá-los a se tornarem os mais fortes.

Tate ficou em silêncio enquanto absorvia tudo aquilo. Por fim, ele disse:

— Bem, eu quero ser capitão um dia. — Foi um tom quieto e desafiador, do tipo que você raramente escuta de alguém tão jovem.

Tate não jogava em uma simples liga da cidade ou do condado. Ele jogava para um clube de elite no Colorado, chamado Krivo School of Hockey. Krivo deriva de Andrei Krivokrasov, um antigo campeão Red Army da Rússia, que comanda o programa. Seu irmão, Sergei, jogou dez temporadas no NHL. É certo dizer que Sergei sabe bastante sobre hóquei e seu programa é tão tradicional quanto possível. Disciplina. Prática. E mais disciplina. Tate, que tem jogado em um nível de elite desde que começou a caminhar, floresce em um ambiente como esse.

A maioria das crianças na Krivo School of Hockey era tão talentosa quanto Tate, porém, um garoto chamado Tristan apareceu. Vamos dizer que ele não era o jogador mais talentoso da equipe, e todos sabiam disso. Tristan não era tão bom para entrar para o time que competia fora, então ele jogava na equipe de treinamento como goleiro. Muitas crianças zombavam de Tristan sem piedade e deixavam claro que ele não era parte da tribo.

Exceto uma.

Tate sabia que Tristan não era muito bom, mas ele não se importava. Ele via que o colega comparecia ao treinamento todos os dias e pegava no batente. Ele fazia suas rotinas contra os maiores talentos do Colorado, e isso com um russo durão desafiando-o e fazendo-o passar dos seus limites. Tristan tinha seu ego esmigalhado diariamente e ainda aparecia na manhã seguinte. Os outros jogadores viam uma criança que, provavelmente, deveria se juntar ao time de xadrez. Tate viu alguém que ele admirava.

Os dois se tornaram amigos. Tate nunca parou de encorajá-lo, sempre oferecia um "toca aí" depois de salvar uma defesa, sentava-se ao lado dele no vestiário e passava tempo com ele depois do treino. E mais importante, Tate tirou um tempo para aprender sua história. Acontece que Tristan tinha sorte de estar vivo, quanto mais de jogar hóquei.

Quando Tristan tinha 3 anos, ele teve uma grande convulsão epilética — é quando você perde a consciência e tem contrações musculares violentas. Os médicos pensaram que ocorreria apenas uma vez, porém, 2 meses depois, Tristan sofreu outra convulsão, seguida de mais outra. Foi prescrita uma bateria de medicamentos, mas as convulsões continuaram — literalmente milhares por dia. Aos 4 anos de idade, Tristan foi colocado em coma induzido para dar ao seu corpo fragilizado um tempo para se recuperar do trauma sem fim. No hospital, a mãe de Tristan, Debra não podia falar ou cantar para ele, não podia tocá-lo, nem acariciá-lo, por medo de causar uma nova crise. Ele passou meses em tratamento — meses nos quais ele poderia estar na escola, fazendo novos amigos, praticando esportes, apenas sendo uma criança normal. Finalmente, ele foi diagnosticado com Síndrome de Doose, um distúrbio raro que acomete apenas 1% das epilepsias iniciadas na infância. Quando Tristan acordou, milagrosamente, do coma, as convulsões desapareceram de vez, mas ele tinha perdido todo o uso de seus músculos. Ele teve que reaprender a mover os membros, a caminhar, até mesmo a comer.

Quando Tristan entrou na pista de gelo da Krivo School pela primeira vez, ele estava, fisicamente, anos atrás de seus colegas. Ele tinha sorte de estar patinando, quanto mais defender tacadas de garotos com o dobro do seu tamanho. Os outros jogadores não viam dessa forma. Eles riam dele, derrubavam-no, chamavam-no por apelidos maldosos. Porém, quanto mais maldosos eles eram, mais amável Tate se tornava.

Ao final da temporada, Debra me ligou e pediu:

— Você poderia me informar todas as tardes de sábados que seu filho tem disponíveis esse mês?

— Claro... Por quê? — perguntei, um pouco confuso.

— Estamos planejando a festa de aniversário do Tristan e ele quer se certificar de que o Tate poderá comparecer.

Eu estava espantado — quem prepara uma festa de aniversário com base na agenda de uma criança?

Na semana após a festa, Debra se aproximou de mim no treino de hóquei. Ela tinha lágrimas nos olhos.

— Eu gostaria que você soubesse que nós convidamos algumas crianças do time de hóquei, mas Tate foi o único que compareceu. Você não tem ideia do impacto que seu filho tem no Tristan. Tate está sempre o animando. Que criança especial você tem.

Algumas semanas depois, eu busquei Tate no treino. Ele tinha um grande sorriso no rosto.

— Papai, adivinha — disse ele. — O treinador Krivo me nomeou o capitão do time!

Eu olhei para ele. Em todos os anos em que Andrei treinou o time que competia fora, ele nunca tinha nomeado um capitão. Até aquele momento.

Eu comecei a chorar. Disse a Tate que em seus 9 anos, eu não poderia estar mais orgulhoso dele.

— Você se lembra de quando me perguntou o que era preciso para ser um capitão? — questionei. — Não é sobre ser o melhor jogador, é sobre ser a melhor pessoa. Você ajudou o jogador mais fraco do seu time a perceber que ele era forte. Até onde sei, Tate, você acabou de quebrar todos os recordes do Wayne Gretzky.

AGIR: O LÍDER DE GANGUE

Albert Einstein uma vez disse que "Nada acontece até que algo se mova". Se tivéssemos tempo, todos nós temos uma lista de coisas que faríamos, erros que concertaríamos. Mas a vida atrapalha, o tempo continua marchando e as coisas que devemos fazer se tornam coisas que deveríamos ter feito.

E então, há pessoas como George Taylor, que simplesmente agem. Quando ouviu a respeito de um terrível tiroteio relacionado a gangues em sua cidade natal, George agiu. Porém, o que o torna mais especial é o seguinte: Sua solução não foi tentar erradicar as gangues, mas estudá-las, entendê-las, aprender com elas e, então, ajudá-las. O que ele fez em seguida foi uma das histórias mais inspiradoras que eu já ouvi, uma que revela o poder da comunidade, do amor e da cerveja.

A história de George me inspirou a refletir sobre minhas próprias ações e omissões, nas vezes em que falhei em agir e nas vezes em que falhei em agir com sabedoria. Pensei em como, às vezes, a vida se resume a atitudes que tomamos — ou não — quando mais importa. Enquanto lê essa história, eu peço que faça o mesmo. Reflita sobre o que significa não apenas agir, mas agir com compaixão, intenção positiva e amor.

George Taylor estava ouvindo o rádio em Wilmington, Carolina do Norte, quando a notícia surgiu: Um garoto de 16 anos fora morto em um tiroteio no qual carros passaram atirando, apenas a algumas

O Dom da Influência

quadras de seu escritório, no centro da cidade. George estava chocado em ouvir que o tiroteio tinha relação com gangues. Como um homem de negócios, rico, que morava em um condomínio fechado, ele nem mesmo sabia que havia gangues em Wilmington. Uma próspera cidade turística, localizada entre o Rio Cape Fear e o Oceano Atlântico. Não é o tipo de lugar que você costuma ver em programas criminais.

Quando a maioria das pessoas ouve tragédias assim, elas balançam a cabeça e reclamam que alguém deve fazer alguma coisa a respeito. Então, mudam de canal e voltam a jantar.

Não era o caso de George Taylor.

A princípio, ele estava bravo que esse tipo de violência poderia acontecer em sua cidade natal. Ele tinha ajudado a abrir várias start-ups de tecnologia em Wilmington, incluindo a Untappd, a maior plataforma social de cervejas do mundo. Mas ele não queria apenas parar com a violência de gangues; ele queria entender, fundamentalmente, o motivo de alguém dirigir pela rua, sacar uma pistola para fora do carro, mirando em outra pessoa, e puxar o gatilho. Então, George ligou para o promotor público e pediu para conversar com o líder da gangue da cidade.

É, meu queixo também caiu quando eu ouvi isso.

O promotor estava, compreensivelmente, incrédulo do plano de George. Um empreendedor de tecnologia, branco, no final dos seus 50 anos, que não sabia nada sobre gangues de rua, queria se encontrar com um membro de gangue, negro, que tinha, quase que certamente, se envolvido em vários assassinatos. Porém, George foi persistente e, algumas semanas depois, o promotor concordou em contatar Bill, um membro do alto escalão da Bloods, uma notória gangue de rua formada em Los Angeles no começo dos anos 1970. Bill estava em liberdade condicional e poderia estar disposto a sentar e conversar com George; mas havia um problema: Bill suspeitava que isso era uma armadilha da polícia e se recusou a se encontrar com ele sem a presença de um advogado.

Essa foi a mensagem que George mandou de volta: "Diga ao Bill que se ele não tem colhões para me encontrar sozinho, de homem para homem, então ele pode ir se ferrar. Encontrarei alguém que queira."

Uma semana depois, Bill apareceu — sozinho.

Ele compartilhou o que realmente significava estar em uma gangue e a conversa mudou a vida de George. A TV e os filmes geralmente dão a impressão de que as gangues de rua atraem marginais que adoram traficar drogas e cometer atos de violência. Certamente, eu acreditei nisso a maior parte da minha vida. Na verdade, é o oposto. Tal como empresas, as gangues de rua organizadas têm valores-chave explícitos e visões declaradas, que detalham o que os define, no que acreditam e o que estão tentando construir. Durante as explicações sobre os objetivos das gangues, não havia nada sobre drogas, armas, ou passar com o carro atirando. Ao invés disso, George reconheceu valores como comunidade, crescimento, conhecimento, fraternidade e lealdade. Quando a violência ocorre, explicou Bill, ela é primariamente causada por desafios econômicos e exclusão social. Frequentemente, homens jovens são considerados inaptos para um cargo por sua aparência ou por sua forma de falar, ou por antecedentes criminais por pequenos delitos. Eles caem no esquecimento. Quando esses homens e suas famílias são banidos, mandados para morar em projetos habitacionais em ruínas e desvalorizados, alguns recorrem aos tipos de atividades que associamos com gangues, porque existem poucas opções.

Após conversar com Bill, George passou quase 3 anos viajando o país para aprender sobre gangues. Ele falou a Bloods e a Crips, em Los Angeles; com a Vice Lords, em Atlanta e com a GD, em Chicago. Ele conversou e ganhou a confiança de membros de gangues de todos os níveis hierárquicos e aprendeu como essas organizações ajudam a melhorar as comunidades urbanas que foram abandonadas há muito tempo. George logo entendeu que a resposta para reduzir a violência das gangues não era se livrar delas, e sim oferecer oportunidades econômicas inclusivas. Então, teve uma ideia: E se ele pudesse criar uma empresa — não de caridade, mas uma fidedigna corporação com fins lucrativos — que empregasse membros ativos de gangues? Como presidente da Untappd, a resposta estava encarando George nos olhos: uma cervejaria.

Em outubro de 2019, George comprou uma fábrica têxtil abandonada de mais de 5 mil metros quadrados, em Wilmington, e passou mais de um ano reformando-a. Em seguida, veio o passo mais importante: contratar funcionários. A maioria das empresas permite que você se candidate por sites de emprego, como o Indeed ou o Monster. George resolveu fazer de forma diferente. Primeiro, para trabalhar para ele a pessoa precisa ser um membro ativo de uma gangue. Segundo, todos os candidatos devem comparecer a um campo de treinamento por 2 meses, chamado DisruptU, onde aprendem tudo, desde marketing até identidade visual e fabricação da cerveja. E o mais importante, eles são aconselhados a se libertar das crenças limitantes com as quais muitos deles cresceram, tal como acreditar que não podem ser felizes, ou ter sucesso, porque foram criados no endereço errado, ou frequentaram a escola errada, ou têm a cor de pele errada.

Se eles se atrasarem para o DisruptU uma única vez, são dispensados e podem reaplicar em 90 dias. Ao final do acampamento, terão que saltar de um avião como iniciação nos negócios da cervejaria — não é tarefa fácil, considerando que muitos desses homens nunca estiveram em um avião, que dirá saltar de um com um paraquedas. Quando começam no acampamento, eles recebem um salário anual de US$30 mil, mais um plano de saúde. Qualquer um que completar o acampamento recebe um aumento para US$35 mil, o que aumenta para um mínimo de US$37 mil por ano após noventa dias. Depois disso, eles começam a ganhar opções de compras de ações. Nada mal para homens que antes, com sorte, conseguiriam apenas empregos que oferecem um salário mínimo para fritar hambúrgueres, devido a associação com gangues.

Contudo, eis a parte mais louca: Durante o acampamento, George pega membros de gangues que mais se odeiam — leve como exemplo a Bloods e a Crips — e os coloca como pares. Essas não são pequenas rivalidades, como um amassado no carro ou roubar alguns trocados; alguns dos homens ali atiraram ou esfaquearam o homem ao seu lado. Por exemplo, Steve e Dune — dois membros de gangues de lados opostos da cidade. Steve era membro da Bloods e Dune da GD. Anos antes, as gangues rivais se envolveram em uma briga. O melhor amigo de Dune puxou uma faca e esfaqueou Steve. Ele sobreviveu, mas quando as duas gangues se reencontraram e começaram uma briga, Steve assassinou o amigo de Dune com um tiro à queima-roupa. Ele fez um acordo judicial e passou dois anos na prisão, então passou mais dez anos mudando de um emprego sem futuro a outro, na tentativa de apoiar sua família. Que empresa respeitável contrataria um criminoso, ainda mais um condenado por assassinato? Então, ele encontrou George Taylor.

Quando Steve apareceu no curso, ele estava sentado ao lado de ninguém menos que Dune. A princípio, eles estavam prontos para se estrangular, mas os instrutores estavam preparados e conseguiram persuadi-los ao longo do curso intensivo. Aos poucos, as tensões diminuíram e eles começaram a perceber o quanto tinham em comum. Eles tinham os mesmos sonhos e as mesmas dificuldades. Não demorou muito para se tornarem amigos e compartilharem um peru no Dia de Ação de Graças. Mais tarde, a história de Steve e Dune ajudou a inspirar o nome da cervejaria, TRU Colors: Cerveja Sem Rivalidade.

Certamente houve dificuldades no caminho. Quando Press, um líder ativo da Bloods, foi preso por porte de armas, George teve que dispensá-lo. A cervejaria tem uma política severa de restrição de armas. No dia seguinte, George recebeu uma mensagem de Press, pedindo para conversar com ele. Quando se encontraram, George viu que ele estava em mau estado. Press esteve dormindo em seu carro e não tinha para onde ir. George avaliou a situação e decidiu que Press havia atingido o fundo do poço e estava pronto para uma mudança.

— Não posso te contratar de volta por conta das notáveis acusações de porte de armas — disse George —, mas eu vou deixar você morar comigo em minha casa.

Press se mudou para a casa de George e sua esposa naquela noite e, quando George acordou na manhã seguinte e adentrou a sala de estar, seu queixo caiu: Press havia cortado os dreads, que estava na altura dos ombros, e raspado a cabeça.

— Estou pronto para mudar — disse ele —, e eu quero que você saiba que estou falando sério.

Mais tarde naquela semana, George fez uma ligação e conseguiu um emprego para Press na área de construções.

O mês de agosto na Carolina do Norte não é agradável. Press passava exaustivas dez horas por dia usando uma britadeira contra o concreto sob uma temperatura de quase 40 °C, mas nunca reclamou. Quando seu dia de comparecer ao tribunal chegou, 8 meses depois, George escreveu uma carta para o promotor descrevendo a transformação de Press. Quando o promotor ofereceu um acordo a Press, sem tempo de prisão, George devolveu seu antigo emprego na TRU Colors e ele pas-

19

O Dom da Influência

sou os próximos três anos estudando sobre operações de fermentação de cerveja. Hoje, Press é um cervejeiro na TRU Colors. Tem uma casa. Tem uma família. E ele sabe como fazer uma *pale ale* de matar.

George me contou tudo isso quando me convidou para palestrar na cervejaria, no começo de 2021. A TRU Colors estava dando os toques finais em suas operações antes de começar a produção em massa e a distribuição ainda naquele verão. Mesmo que eu tenha feito milhares de discursos de abertura, eu nunca estive tão nervoso quanto no dia em que palestrei na TRU Colors.

Antes da minha palestra, encontrei-me com um jovem rapaz que tinha longos dreads e a palavra THUG tatuada na garganta. Aquele era seu nome nas ruas, disse ele com naturalidade. Thug era um membro do alto escalão da GD, na Carolina do Norte. Alguns meses antes, ele estava em um carro com seu melhor amigo, Nas, quando outro veículo derrapou e parou ao lado deles. Quatro homens saltaram para fora com armas e começaram a atirar. As janelas explodiram e as balas choveram para dentro do carro. Thug se jogou no chão. Tudo que ele conseguia ouvir eram gritos e o som dos cartuchos vazios caindo no asfalto. Ele olhou para cima bem quando duas balas atingiram Nas na cabeça. Com os tiros ainda sendo disparados, Thug se arrastou até o banco do motorista, assumiu o controle do carro e acelerou para o hospital com a cabeça de Nas em seu colo. Tragicamente, Nas morreu naquele dia. Agora, três meses depois, eu estava prestes a palestrar para Thug sobre amor e liderança servil.

"Que diabos eu estou fazendo aqui?" Pensei. O que um homem branco dos bairros de classe média de Denver poderia possivelmente dizer para homens que viram seus amigos e familiares serem abatidos por tiros? Quando eu pisei no palco para palestrar para os trinta e poucos funcionários, eles me assistiram com educação. Eu olhei para as minhas anotações sobre liderança com o coração e as típicas histórias que contava sobre crescer com dislexia. Minhas dificuldades acadêmicas pareciam insignificantes comparadas ao que esses homens aguentaram só para chegarem até aqui hoje. Então, deixei minhas notas de lado e decidi contar uma história que nunca havia contado para ninguém antes.

— Eu estava pronto para matar alguém uma vez — falei. Minha boca ficou seca quando eu disse essas palavras. Até então, não havia acreditado nelas de verdade.

Respirei fundo e contei para a minha audiência da Bloods, da Crips e da GD sobre meu trabalho de entregador de jornais quando eu tinha 14 anos de idade, em Suffern, Nova York. Eu conhecia todas as famílias na minha rota, exceto por uma. Era uma casa no final de uma rua sem saída, no Marian Drive. Todo domingo o homem que morava ali deixava um envelope debaixo do tapete. Dentro, havia US$2,25 pelo jornal e US$0,25 de gorjeta para mim. Eu nunca havia encontrado o homem, mas todo domingo ele deixava o mesmo envelope com a mesma gorjeta.

Alguns dias depois do Journal News subir de preço para US$2,50, eu bati à porta do homem. Um senhor abriu e eu o agradeci por sua generosidade. Expliquei que, se ele quisesse continuar a dar gorjetas, teria que adicionar 25 centavos ao envelope dali em diante. Então, ele perguntou se eu frequentava uma escola próxima.

— Sim, a Suffern Junior High School — respondi.

— Você pratica esportes?

— Estou no time de luta.

— Isso é ótimo, eu adoro luta. Gostaria de te ensinar alguns golpes. Quer de vir até o quintal dos fundos e praticar?

Hesitei. O homem parecia amigável o bastante. Ele sempre me dava gorjetas. Ele era um adulto e eu era um jornaleiro de 14 anos que tinha visto muito pouco do mundo. Concordei e nós demos a volta até os fundos e começamos a lutar. E então ele me molestou. Ele foi a primeira pessoa que me tocou daquela forma. Eu o chutei antes que ele pudesse ir mais longe e corri para casa para contar aos meus pais. Eram tempos diferentes e as pessoas lidavam com esses assuntos de forma diferente de agora. Meus pais foram até os líderes da igreja, que disseram que cuidariam disso. Mas eles nunca fizeram nada. Mais tarde, eu procurei pelos três garotos que faziam aquela rota de jornaleiro antes de mim e todos eles admitiram que aquele homem tentou tocá-los também. Senti-me envergonhado por ter sido tão ingênuo. Pensei que tinha sido minha culpa por confiar demais.

Eu não era velho o bastante para processar o que tinha acontecido comigo e nunca falei nada a respeito daquilo outra vez. De certa forma, eu nunca processei esse acontecido de verdade, até aquele dia na cervejaria TRU Colors. No ensino médio e na faculdade, eu estava consumido por vergonha e raiva. Durante meu segundo ano de faculdade, a dor se tornou insuportável. Quando voltei para casa para passar as férias de primavera, eu peguei meu taco de baseball e dirigi até a casa no final da minha rota de jornais. Caminhei até a porta da frente, agarrando o taco com tanta força que os nós dos dedos estavam brancos. Então eu toquei a campainha, pronto para bater no homem que havia roubado minha adolescência.

Em vez dele, uma senhora abriu a porta. O antigo dono havia se mudado alguns anos antes, disse ela. Enquanto ela fechava a porta, eu senti a adrenalina queimar como ácido dentro de mim, lentamente se dissipando até que me senti vazio outra vez. Derrubei o taco e desabei a chorar.

— Se aquele homem não tivesse se mudado, eu não estaria aqui hoje — falei. A sala estava totalmente quieta. — Eu o teria machucado. Talvez o matado.

De repente, eu me senti mais leve, como se um peso de 200 kg tivessem sido retirado do meu peito. Escaneei os rostos de meus confidentes — os membros da Bloods, da Crips e da GD para quem eu escolhera contar essa história pela primeira vez na minha vida. Homens que machucaram e mataram pessoas. Homens que fizeram coisas indescritíveis. E ainda assim, eu os olhei nos olhos e senti uma fraternidade. Eles me entendiam e eu os entendia. Muitos viveram em um inferno por terem perdido na loteria da nascença e cresceram nas ruas frias em vez de crescerem em lares aquecidos. De muitas formas, eu sempre tive sorte. Tenho uma carreira de sucesso e uma família maravilhosa. Mas eu não teria nada disso se o destino tivesse sido um pouquinho diferente e meu abusador tivesse atendido a porta no lugar daquela mulher.

O destino trabalhou diferente para os membros de gangues na minha plateia. Foi-me dada a chance única de estragar minha vida; eles receberam chances por toda uma vida. Ainda assim, de alguma forma, eles encontraram seu caminho até aquela cervejaria. Naquele momento eu entendi o que tornava a TRU Colors tão especial. Ela era comandada por pessoas como Steve, Press, Dune e Thug — homens para os quais a vida nunca dera uma primeira chance, que dirá uma segunda. Mas eles decidiram agir e, ao fazer isso, mudaram as circunstâncias através da pura força de vontade. Eles agiram como George quando ouviu sobre o tiroteio na sua cidade natal: com a determinação, o amor e a tolerância notáveis para com pessoas bem diferentes dele. E, nossa, as cores verdadeiras (referência a TRU Colors, nome da cervejaria) deles não estavam apenas brilhando, mas mudando vidas — incluindo a minha.

Alguns meses após a minha visita à TRU Colors, recebi a notícia chocante de que Thug havia sido assassinado. Ele estava morando com o filho de George, que ajudava a comandar a cervejaria, enquanto procurava por um lugar para morar que aceitasse alguém com histórico criminal. Enquanto ele dormia, um homem armado invadiu a casa e matou Thug e uma jovem mulher chamada Briyanna. Mais tarde, três membros de uma gangue rival foram presos por conexão com o duplo homicídio.

O assassinato de Thug balançou as bases da TRU Colors, mas George e seu time duplicaram sua missão.

— Não sei se algum dia chegaremos ao zero — disse George, em uma declaração pública após a morte de Thug. — A violência vem da exclusão e da falta de oportunidades. Então, até que todos nós possamos nos juntar e priorizar a benevolência e a compreensão, em vez da culpa e da divisão, isso nunca chegará a zero. Para a paz acontecer, é preciso que toda a cidade se una e se comprometa a mudar.

Após enviar um breve recado a George, expressando minhas condolências, ele escreveu de volta:

— Thug era um cara incrível e complicado, que tinha muitas responsabilidades e muitos inimigos do seu passado. Seu passado foi o que o preparou para todo o bem que ele fez. Ele ainda está liderando, mesmo depois de ter partido.

DEDICAR-SE: O QUE TEM NA SUA MALA?

Eu fui abençoado com a possibilidade de encontrar milhares de pessoas virtuosas na minha vida, pessoas que se dedicam a servir aos outros. Você encontrará muitas delas neste livro. Porém, eu encontrei apenas uma pessoa merecedora de santidade. Minha tia, Loralee, mais conhecida como Irmã Loreen Spaulding.

Passei toda a minha vida adulta aprendendo como colocar os outros em primeiro lugar, e transformei isso em uma profissão que ajudaria outras pessoas a fazer o mesmo. Mas minha tia Loralee continua sendo a única pessoa que conheci que vive pura e incondicionalmente a serviço do próximo. Há, hoje, pessoas vivas que basicamente devem suas vidas a ela, literalmente, e eu realmente acredito que, se o resto de nós pudesse ter uma fração do seu coração, o mundo seria um lugar infinitamente melhor. Ela é a personificação da maior e, de muitas formas, mais importante qualidade da influência: a devoção.

Mahatma Gandhi uma vez disse que "a melhor forma de encontrar a si mesmo é se perder servindo aos outros". Minha tia sabia, desde o nascimento, exatamente quem era e qual era seu propósito. A cada dia eu procuro honrar o legado da Irmã Loreen ao tentar ser um pouquinho mais gentil e um pouco mais paciente com as pessoas da minha vida, especialmente quando é difícil. Enquanto lê a história dela, peço que faça o mesmo. E o desafio a pensar sobre a causa a qual você se dedicaria se tivesse tempo. Com quais pessoas na sua vida você passaria mais tempo? Com qual delas você tentaria ser melhor? E mais importante, o que lhe impede?

O Dom da Influência

Quando eu tinha 8 anos de idade, minha tia Loralee passou uma noite na minha casa, em Suffern, Nova York, antes de viajar na manhã seguinte para a Libéria, para começar uma missão de oito anos com a Igreja Católica. Quando ela chegou de táxi, minha mãe me disse para trazer sua mala. Eu nunca vi uma mala tão grande; aquela maldita coisa pesava mais do que eu.

Quando finalmente consegui arrastá-la para dentro de casa, eu disse:

— Tia Loralee, você tem tantas roupas.

Minha tia sorriu e gesticulou para o que estava vestindo.

— Estas são as únicas roupas que eu tenho, Tommy.

Então abriu a grande mala, dando espaço para uma avalanche de lápis e canetas, roupas infantis, doces e medicamentos. Tudo o que ela possuía era aquela mala e, quase literalmente, as roupas do corpo. Então, eu percebi que minha tia havia cortado o cabelo. Ele costumava ser longo, esvoaçante e lindo.

— Doei para uma instituição de caridade que ajuda pacientes com câncer — disse ela, alegre. — Não precisarei dele no lugar para onde estou indo.

Quando meu pai tinha 5 anos de idade, ele ganhou um trenzinho elétrico de Natal, Loralee ganhou um altar, construído por seu avô. Ela fingia ser um padre e pregava a missa para a família e, desde então, estava determinada a se tornar uma freira católica. No entanto, poucas pessoas sabiam disso. Na escola, Loralee era uma típica garota americana. Era líder de torcida, teve muitos namorados e se graduou como oradora da turma. Todos esperavam que ela um dia se tornasse cientista, ou senadora dos Estados Unidos.

Contudo, Loralee já havia decidido há muito tempo que iria para o convento. Seu sonho não era apenas viver uma vida servindo a Deus, mas fazer uma verdadeira diferença no mundo.

Em agosto de 1957, ela beijou seu namorado pela última vez e se juntou ao convento. Ela tinha 18 anos. Entrou para o Notre Dame College, em Euclid, Ohio, onde se graduou com a maior das honrarias, em filosofia. Em seguida foi para Boston College, onde conseguiu o mestrado em matemática. Cerca de dez anos depois, ela apareceu na minha casa, em Suffern, pronta para sua missão no Oeste da África.

O final dos anos de 1970 foram conturbados na Libéria. Por gerações o país havia sido governado pelo Partido True Whig, que monopolizou o poder e obteve sucesso em banir qualquer oposição. O presidente do país, William Tolbert, havia prometido reformas quando fora eleito, em 1971, mas sua administração rapidamente se definiu pelo nepotismo e pela corrupção política. Minha tia Loralee, agora conhecida como Irmã Loreen Spaulding, chegou na Libéria bem quando a população nativa, oprimida, começou a protestar em grandes cidades. Em 1977, mais de cem cidadãos liberianos haviam sido raptados, mortos e brutalmente desmembrados em uma angustiante série de assassinatos conhecida como os Assassinatos Ritualísticos de Maryland (no condado de Maryland, Libéria).

Contudo, a Irmã Loreen não se deixou abalar. Ela não se importava com a política liberiana ou com a corrupção do governo, ela estava lá somente para ajudar as crianças. Ela chegou na cidade de Zwedru, na região sudeste da Libéria, e ajudou a construir uma escola para jovens garotas, muitas das quais foram as primeiras na vila a aprender a ler e escrever.

No começo de 1980, a Irmã Loreen viajou para a capital da Libéria, Monróvia, para buscar suprimentos. Enquanto deixava o mercado, ela ouviu tiros. Pow, pow, pow. Ela correu pela rua e assistiu enquanto uma equipe de atiradores descarregava as armas em uma dezena de corpos amolecidos, amarrados a árvores perto da praia. Mais tarde ela descobriu que as vítimas eram o presidente Tolbert e os membros de seu gabinete. Eles haviam sido assassinados por Samuel Doe, sargento do Exército da Libéria, que organizou um golpe contra o governo e tomou o controle do país. A Irmã Loreen assistiu, horrorizada, enquanto outros membros do governo de Tolbert eram executados na praia, sem julgamento.

Quando voltou para sua escola, ela tentou não pensar sobre o caos que envolvia o país. Seu trabalho era cuidar das crianças, e não se envolver em conflitos armados. Mas a guerra encontrou os inocentes, como sempre acontece. Um dia, várias picapes derraparam e pararam em frente à escola da Irmã Loreen, e dezenas de adolescentes armados com metralhadoras desceram dos carros. Minha tia sabia que eles faziam parte da milícia de Samuel Doe, um grupo conhecido por executar membros de tribos leais à administração deposta — até mesmo crianças de quem o único crime era ter nascido no vilarejo errado.

O Dom da Influência

Os soldados empurraram a Irmã Loreen para um lado e gritaram instruções que ela mal entendia. Eles pegaram dezenas de suas alunas e as alinharam contra a parede. Percebendo o que estava prestes a acontecer, minha tia se empurrou através dos soldados e se colocou na frente das crianças. Ela encarou os rifles que estavam apontados para ela e gritou:

— Se vocês quiserem matar essas garotas, terão que me matar primeiro.

Os soldados adolescentes a encararam com incredulidade e discutiram em seu idioma nativo. Milagrosamente, eles abaixaram as armas, subiram de volta nas picapes e partiram. Se eles estavam impressionados com sua coragem ou com medo de atirar em uma freira católica, minha tia nunca soube.

A paz não duraria. O governo de Doe era ainda mais corrupto e totalitário do que seu antecessor. Ele fechou jornais, fraudou eleições e continuou sua brutal limpeza de grupos étnicos rivais. Aliados se viraram contra ele e, mais uma vez, o país entrava em uma guerra civil. À medida que facções rebeldes assumiam o controle das províncias, a escola da Irmã Loreen foi fechada e transformada em um campo de refugiados. As Nações Unidas encarregaram minha tia de evacuar missionários e membros de Corpos de Paz que estavam em Zwedru. Minha tia estava aterrorizada, mas permaneceu inabalável em sua missão. Após conseguir transporte para os outros, ela foi o único membro de sua missão que permaneceu. Bem quando soldados fecharam o cerco, ela fugiu para a floresta, encontrou uma canoa, remou até o Rio Cavalla e escapou para a Costa do Marfim, onde foi resgatada e mandada de volta para os Estados Unidos.

A Irmã Loreen passou 13 anos na Libéria e sobreviveu a duas revoluções, mas ela não teve tempo para descansar. Pouco depois de retornar, sua mãe Auleen — minha avó — sofreu um grave AVC, que a deixou severamente incapacitada. Auleen foi uma pessoa doce, dedicada e carinhosa, mas o AVC reprogramou sua personalidade para alguém que ninguém reconhecia. Ela precisava de cuidado contínuo, então a Irmã Loreen falou com a liderança de sua ordem e pediu permissão para tirar uma licença para cuidar de sua mãe. Pelos próximos treze anos, foi o que ela fez.

De muitas formas, cuidar de Auleen foi tão cansativo quanto sua missão na Libéria. O AVC de minha avó deixou-a extremamente ansiosa, mal-humorada e rude. Como qualquer cuidador pode atestar, esse tipo de trabalho exige uma quantidade impossível de paciência e firmeza. É um esforço exaustivo e ingrato e, por mais de uma década, a Irmã Loreen sacrificou seu bem-estar para manter minha avó confortável. Quando minha avó por fim faleceu, o convento designou a Irmã Loreen para ser cuidadora de freiras na clínica de repouso — uma tarefa que ela também performou devotamente e sem reclamar.

A saúde da minha tia se deteriorava quando ela completou 77 anos, mas ela convenceu sua ordem a enviá-la de volta à Libéria. A sangrenta guerra civil no país havia, finalmente, terminado, porém, deixou 260 mil pessoas mortas. Incontáveis crianças se tornaram órfãs e foram forçadas a cuidar de si mesmas nas ruas. Minha tia ainda tinha negócios inacabados no país que tanto amava, então ela construiu um orfanato em Monróvia para ajudar a reestabelecer a Libéria. Porém, Loreen foi recepcionada com um destino cruel. Situada na costa, a Monróvia é infestada de mosquitos e, em uma manhã, a Irmã Loreen acordou com uma febre terrível. Ela teve malária e, na sua idade, a doença era devastadora. Ela sofreu com insuficiência cardíaca e quase morreu.

Minha tia conseguiu se recuperar e retornar aos Estados Unidos, mas a malária cobrou seu preço. A insuficiência cardíaca desencadeou um rápido declínio mental e ela sucumbiu à demência com o passar dos anos. Certo tempo após retornar da Libéria, na semana do seu aniversário de 80 anos, seus amigos mais próximos e familiares se juntaram na School Sisters of Notre Dame, em Wilton, Connecticut, para celebrar seu sexagésimo ano como freira católica. Minha tia estava debilitada e distante enquanto eu segurava sua mão durante a missa. Naquela tarde, no jantar de celebração, eu olhei para ela, enquanto pedia por um brinde. Entre as rugas, eu vi a mesma pessoa gentil e espirituosa, que desceu do taxi em frente à minha casa, todos aqueles anos atrás, e me ensinou como era a real liderança.

Eu contei a eles sobre "O Presente dos Magos", um conto de 1905, de O. Henry, sobre um casal de recém-casados. Eles eram pobres com poucas posses, mas nada disso importava, pois seu amor era tão grande. Eles estavam comemorando o Natal juntos e cada um queria secretamente comprar um presente especial para o outro. O marido queria comprar para a sua esposa um conjunto de pentes decorativos, para que ela pudesse adornar seu longo e belo cabelo. A esposa queria comprar para o marido uma corrente para o relógio de bolso que seu falecido avô o havia dado há muito tempo. Por conta de seu amor abnegado, o marido vendeu o relógio de seu avô para comprar os pentes para sua amada, e a esposa cortou e vendeu o cabelo para comprar a corrente para seu marido devoto.

— Quando abriram os presentes, eles perceberam o quão dedicados eram um ao outro e aprenderam como o seu amor não tinha preço — contei. —Tia Loralee, eu jamais me esquecerei do presente que você me deu quando apareceu na minha casa em Suffern, com os cabelos cortados e sua mala cheia de materiais escolares. — Sorri para minha tia e levantei minha taça. — Naquele dia, você ensinou a um garoto egoísta de 8 anos de idade o verdadeiro significado de dedicação e liderança servil. Eu nunca parei de aprender com o seu exemplo.

Às vezes eu penso sobre as jovens garotas na África que estão vivas hoje graças à minha corajosa tia Loralee. Penso sobre como ela amou e serviu a minha avó por treze longos anos, quando ninguém mais o faria. Penso sobre como o mundo seria se houvessem mais Irmãs Loreen Spauldings por aí.

PARTE II

O PRIMEIRO I DA INFLUÊNCIA: INTERESSE

SANDUÍCHE DE US$500 MIL

Nos capítulos anteriores, nós conhecemos quatro indivíduos incríveis que personificaram o que significa ser um influenciador genuíno: Levantar, Envolver, Agir e Dedicar-se a servir aos outros. Contudo, você não precisa ser uma professora, um prodígio de hóquei, um CEO ou uma freira católica para viver uma vida de influência. Em seu dia a dia, você pode LIDERAR os outros de formas grandes ou pequenas ao aprender três novos hábitos que, com o tempo, se tornam naturais. Eu gosto de chamá-los de "os três i's da influência". O primeiro é o interesse, e eu não consigo pensar em uma forma melhor de explicá-lo senão contando sobre a vez que meu amigo Bill salvou minha pele. Eu tinha acabado de publicar meu primeiro livro e palestrava no Ritz-Carlton, em Palm Beach, Flórida. Após a palestra, durante a sessão de autógrafos, um homem de meia idade veio até mim.

— Olá, meu nome é Bill Reichel e eu só gostaria de dizer o quanto gostei da sua palestra. Todos estavam tão silenciosos e atentos que seria possível ouvir se um alfinete caísse no chão.

Normalmente eu o agradeceria, apertaria sua mão e seguiria para a próxima pessoa na fila, mas algo sobre Bill instigou minha curiosidade. Ele estava estiloso trajando um terno Armani, camisa de gola aberta, uma corrente de prata e braceletes de couro, que o diferenciavam por ser bacana. Bem, se você me visse por aí, saberia que eu não sou a pessoa mais estilosa do mundo. Minha ideia de vanguarda é usar minha camisa polo e os shorts caqui da GAP. Bill, por outro lado, parecia ter acabado de chegar da Semana de Moda de Nova York.

O Dom da Influência

— Deixe-me fazer uma pergunta — falei. — Minha esposa me chama de Garoto da Loja de Departamento. A única joia que eu tenho é minha aliança de casamento. Jill adoraria que me vestisse de forma mais elegante. Como eu posso conseguir joias bacanas como as suas?

Bill riu e disse:

— Dê-me seu cartão de visita e eu te arranjarei algo. — Fiel às suas palavras, Bill me mandou um monte de braceletes. Não posso dizer que eles me fizeram parecer o Johnny Depp, mas é certo que incrementaram meu estilo. Esse foi o começo de nossa amizade.

Eu descobri que Bill era um desenvolvedor imobiliário de sucesso, que possuía e geria centenas de propriedades comerciais na área de Palm Beach. Ele, mais tarde, me levou para palestrar para seus funcionários no seu retiro corporativo anual, e eu me tornei amigo próximo de sua adorável família. Sua filha, Morgan, frequentou a nosso Global Youth Leadership Academy, um programa de verão que eu comandava para estudantes de ensino médio, e seu filho, Grant, frequentou um dos nossos retiros Heart-Led Leader. Bill até pagou para mandar várias crianças desfavorecidas da Flórida para o National Leadership Academy.

E quando me encontrei na beira de um precipício, durante a pior situação financeira da minha vida, eu liguei para Bill.

Como mencionei no começo deste livro, eu tomei a fatídica decisão de diversificar minha renda e entrei nos negócios de sanduíches submarinos. Eu tive o privilégio de encontrar o fundador e CEO de uma rede nacional de sanduíches e me apaixonei por ele e por seu time de liderança; eles são tão reais, autênticos e genuínos quanto possível. Estava tão impressionado com a cultura e filantropia de sua empresa que fui em frente e comprei uma franquia de sanduíches em Denver.

Eu tinha muitas esperanças para aquela loja. Queria contratar estudantes locais e ensiná-los o valor da liderança servil. Chamávamos nossos clientes de "senhora" e "senhor" e dizíamos, "Foi uma honra servi-lo", quando deixavam a loja. Eu queria que a franquia fosse uma manifestação de cada lição de liderança sobre as quais escrevi em meus dois primeiros livros. Mas aquele sonho rapidamente se tornou um pesadelo. Em nossa inauguração, uma cliente fingiu uma queda do lado de fora da loja, chamou a ambulância e ameaçou nos processar. Mais tarde descobrimos que ela era uma golpista que havia tentado esse golpe inúmeras vezes. Depois, tivemos um problema de ventilação de esgoto que fez o lugar cheirar como o banheiro de um posto de gasolina. O pior de tudo é que nossa localização era horrível. Semana após semana, nós ficávamos em último entre as franquias da área metropolitana de Denver. Em pouco tempo eu estava perdendo dinheiro aos montes, cerca de US$10 mil mensais. Em dois anos eu joguei fora mais de US$500 mil naquela loja.

Implorei ao proprietário que me deixasse terminar o contrato de dez anos. Ele recusou. Implorei à franquia de sanduíches que comprasse minha loja. Eles recusaram. Eu afundava sem volta na falência, e não havia nada que pudesse fazer.

Sem outra opção, liguei para meu amigo Bill.

— Bill, eu estou com problemas sérios— contei, lágrimas rolavam pelo meu rosto. — Eu não sei o que fazer.

A maioria das pessoas diria, "Nossa, cara, isso é horrível. Vou mandar pensamentos positivos e irei rezar por você. Pode me chamar se eu puder fazer algo." Porém, Bill disse algo que eu jamais me esquecerei:

— Tommy, você mudou minha empresa, mudou a vida da minha filha e do meu filho, você mudou minha vida. E agora eu vou mudar a sua. Dê-me o nome e o telefone do diretor de operações da franquia e eu cuido do resto.

Nunca tive ninguém que fosse à luta por mim daquela forma. Nos meses seguintes, Bill fez dezenas de videochamadas com o escritório da corporação. Ele guerreou com o proprietário. A mais de 3 mil km de distância, Bill arrancou das garras que me esmagavam lentamente. Jamais saberei exatamente o que ele fez, mas Bill me tirou daquela horrível situação. Ele nunca disse "Algum dia eu te ligarei para fazer um trabalho para mim", como o Don Corleone fez em *O Poderoso Chefão*. Bill apenas disse:

— Tommy, é isso que amigos fazem. Eles estão disponíveis um para o outro.

Quando eu penso sobre como Bill me salvou, eu sempre volto para o simples ato de curiosidade que deu início à nossa relação. E eu penso sobre as qualidades que vi em Bill, bem antes de ele vir ao meu socorro. Quando entrei no escritório dele pela primeira vez, eu sabia, em trinta segundos, que ele era universalmente amado. Era possível notar na linguagem corporal de seus funcionários. Todos estavam sorrindo. Todos relaxados. Eles me contaram sobre a vez que um dos seus inquilinos, dono de uma academia de kickboxing, não conseguia custear o aluguel. A resposta de Bill não foi de expulsá-lo, mas de diminuir o aluguel pela metade. Imóveis comerciais são uma das indústrias mais cruéis que existem e, ainda assim, Bill estava prosperando, sendo um cara genuinamente bom. Ao mesmo tempo, Bill estava interessado em minha família, minha carreira e meus problemas. Compartilhei tudo com ele, e hoje ele sabe até mais sobre mim do que meu terapeuta. Nosso relacionamento começou e floresceu em um alicerce de curiosidade mútua e, quando precisei que Bill me ajudasse, ele estava lá.

No fim das contas, Bill me ajudou a entender que verdadeiros influenciadores são obsessivamente interessados em aprender sobre as pessoas ao seu redor, sejam amigos, colegas de trabalho, vizinhos ou completos estranhos. E, às vezes, como veremos, tudo que é preciso é uma simples pergunta para construir uma conexão para a vida toda: Qual é a sua história?

TODOS TÊM UMA HISTÓRIA

Minha obra de arte favorita está pendurada em meu escritório, no centro da cidade de Denver. É uma bela aquarela de corações rosa e azul, pintada por uma criança de 12 anos. É uma das minhas posses mais valiosas e tem uma história muito especial.

Pouco mais de uma década atrás, eu estava palestrando em Chicago para uma sala cheia de executivos. Após meu discurso de abertura, eu estava autografando meu livro quando uma mulher se aproximou da minha mesa. Fui imediatamente atingido por um par de olhos verdes penetrantes, que pareciam olhar dentro da minha alma. Ela usava uma identificação que dizia JAYNE HLADIO. Ela me agradeceu por palestrar no evento e, em vez de fazer-lhe uma pergunta típica para jogar conversa fora, como "Está tudo bem hoje?", ou "Com o que você trabalha?", eu disse:

— Oi, Jayne, qual a sua história?

Ela pareceu ser pega de surpresa, mas então sorriu e tivemos uma conversa real. Em cinco minutos eu senti como se conhecesse Jayne pela minha vida toda. Ela tem o verdadeiro dom de se conectar com as pessoas. Quando mencionou que tinha uma filha pequena, Lindsey, eu pude perceber que ela estava transbordando de orgulho.

— Conte-me mais sobre ela — pedi.

— Quando Lindsey nasceu, os médicos a mandaram imediatamente para a sala de cirurgia. Ela tinha defeitos congênitos no coração. — Jayne respirou fundo e enxugou uma lágrima. — Eles disseram ao meu

O Dom da Influência

marido que a Lindsey tinha 5% de chances de sobreviver. Mas ela é tão forte. Ela aguentou duas cirurgias do coração, sendo uma recém-nascida. Sobreviveu e hoje é uma garotinha totalmente saudável.

Meus olhos se encheram de lágrimas enquanto Jayne me contava essa história na mesa de autógrafos. Eu sabia que teria que conhecer essa garota especial. Assim sendo, quando retornei a Milwaukee, reuni-me para um jantar com Lindsay, Jayne e seu marido, Matt. Desde então, nos tornamos bons amigos. Acontece que Jayne era vice-presidente sênior no U.S. Bank e uma das maiores profissionais de negócios de Milwaukee. Geralmente, você não espera encontrar líderes compassivos no setor bancário, mas Jayne é uma rara exceção que sempre coloca o bem-estar de seus funcionários e clientes acima do lucro. Ela é uma das líderes mais incríveis que conheço e, juntamente com Lindsey, ajudou a arrecadar milhares de dólares para a Associação Americana do Coração.

Em 2016, eu fiquei profundamente honrado com o convite de Jayne para comandar um evento anual de liderança para a TEMPO, uma organização composta por mulheres em cargos executivos e de liderança em Wisconsin. Eu estava admirado quando subi no palco cercado por mais de mil CEOs poderosas, mas as borboletas no meu estômago desapareceram quando vi Lindsey na plateia, me aplaudindo. Ao final do meu discurso, convidei Lindsey para subir ao palco e parabenizá-la por todo o dinheiro que conseguira arrecadar para a caridade. Ela não era uma futura chefe — como aquelas mulheres na plateia, ela já era uma chefe.

Quando terminei minha fala, Lindsey me presenteou com uma adorável pintura em aquarela. Fiquei com os olhos marejados quando a abracei, junto a Jayne e Matt. Sua arte está pendurada, em destaque no meu escritório, até hoje e é uma recordação do poder de fazer uma simples pergunta: "Qual a sua história?"

Eu entendo — pedir para as pessoas se abrirem é constrangedor. Às vezes você recebe olhares esquisitos. Se for como eu, você provavelmente aprendeu bem cedo a não falar com estranhos. Esse conselho anda de mãos dadas com "Olhe para os dois lados antes de atravessar a rua". Sendo de Nova York, meus pais foram além e diziam: "Não olhe nos olhos de estranhos, mantenha a cabeça baixa quando estiver andando". Se você já andou de metrô em Nova York, sabe que existem duas regras muito importantes. A primeira é: Fique longe das portas. A segunda é: Nunca faça contato visual.

Pense sobre isso por um momento. Desde a infância somos ensinados a ignorar as pessoas ao nosso redor. Levei anos para perceber como isso era um conselho terrível. Quando penso nas pessoas mais importantes da minha vida, me assusta imaginar onde eu estaria se não tivesse falado com elas quando tive a chance. Minha esposa, meus melhores amigos, quase todos que me são queridos hoje; todos começaram como um estranho com quem eu não deveria estar conversando. Eles ainda seriam estranhos se eu não tivesse me importado em conhecer suas histórias.

Aqui está a minha regra simples: Todo rosto tem um nome. Todo nome tem uma história. Se eu me apresentar para uma nova pessoa, eu peço para que ela me conte sua história. Isso me levou até um dos momentos mais inesquecíveis da minha vida. Por exemplo, alguns anos atrás, Jill e eu visitamos os vales de Napa e Sonoma, acompanhados por alguns amigos. Ficamos hospedados em uma cidade chamada Healdsburg e fizemos o típico turismo de degustação de vinhos. Na nossa terceira noite, fizemos reservas para jantar em um bom restaurante da cidade, mas decidimos tomar uma bebida no fim da rua primeiro, em um lugar chamado Harmon House, que tem um terraço com vista panorâmica do vale.

Chegamos e pedimos ao gerente, Gary, por uma mesa.

— Desculpe-me, estamos lotados — disse ele. — Mas, se quiserem ver o pôr do sol, eu ficaria feliz em mostrar-lhes o terraço para uma olhada rápida.

— Claro, isso seria ótimo — aquiescemos.

Observei Gary enquanto ele nos levava em um passeio, brincando com garçons e conversando com os clientes. Ele fazia milhões de coisas diferentes de uma vez, e ainda assim fez com que nos sentíssemos como as únicas pessoas no restaurante. Gary tinha a aura de uma pessoa que estava totalmente confortável e eu estava curioso para saber mais sobre ele.

— Então, Gary, qual a sua história? — perguntei, após ele terminar o passeio.

Gary pareceu se iluminar. Ele sorriu e me contou como amava o seu trabalho e como este o fazia uma pessoa mais forte. Ele explicou que estava sóbrio e que estar próximo à tentação do álcool o lembrava da

O Dom da Influência

jornada desafiadora e do quão longe ele havia chegado. Eu o instiguei com mais perguntas, enquanto Jill e nossos amigos aproveitavam a vista de tirar o fôlego. Gary contou que ele havia se divorciado recentemente e tinha uma filha pequena. Ele se apavorava com a ideia de ser aquele pai que nunca vê a filha; cada minuto fora do trabalho, passava com ela. A conversa durou apenas alguns minutos, mas eu me senti como se tivesse ouvido a história de sua vida.

Enquanto nos preparávamos para ir embora, Gary levantou a mão.

— Esperem aqui por um segundo. — Ele retornou pouco tempo depois com quatro taças de champagne. — É por conta da casa — disse ele. — Também consegui uma mesa para vocês aproveitarem a vista.

Gary nos levou até onde era, claramente, o melhor lugar no bar, uma mesa de canto com vista magnífica para Sonoma. Um minuto depois, ele trouxe pimenta shishito e outros aperitivos enquanto assistíamos ao pôr do sol. Foi a forma perfeita de começar nossa noite.

— Gary — falei, enquanto nos despedíamos —, você tornou essa noite tão especial. Obrigado. — Nós nos abraçamos e eu pedi por seu cartão de visitas para que pudesse enviá-lo uma nota de agradecimento. A caminhada para o nosso restaurante durava por volta de 10 minutos e não fizemos nada a não ser falar sobre o Gary. Que cara incrível. Que história fantástica. Mal posso esperar para mandar um e-mail para ele. Acontece que Gary tinha mais um truque na manga. Quando chegamos ao restaurante e a recepcionista nos levou até nossa mesa, fomos surpreendidos por uma garrafa de champagne gelado com um bilhete: Obrigado pelo impacto que teve em mim — Gary. Tudo isso porque eu perguntei sobre a história de um homem.

Eu frequentemente compartilho essa anedota e alguém sempre me pergunta: "Parece que você só estava curioso sobre o Gary para conseguir alguma coisa de graça. Como saber se alguém está sendo autêntico ou manipulador?" Reconhecidamente, é uma linha tênue. Quando eu tinha 16 anos, devia US$5 em cobranças de livros atrasados para a Biblioteca Pública de Suffern. Ao invés de desembolsar o dinheiro, eu enrolei e joguei conversa fora com a bibliotecária. Fiz perguntas sobre a vida dela, sobre seus livros favoritos, sobre seu trabalho — então eu a pedi para retirar a minha multa. Ela o fez, mas depois eu me senti

Tommy Spaulding

enojado comigo mesmo. Eu não me importava com aquela bibliotecária; queria apenas poupar alguns trocados. Desde então, eu tenho uma regra simples: tenha curiosidade sobre as outras pessoas, mas nunca peça nada em troca. Coisas belas podem acontecer quando você cria uma ligação genuína com alguém, mas o seu objetivo nunca deve ser se favorecer.

Quando faço consultoria para líderes de organizações, eu ensino a importância crítica de aprender a história de cada funcionário. Ninguém personifica essa filosofia melhor do que Anthony e April Lambatos. Eles são donos e operam em uma empresa de eventos em Denver, chamada Footers. Eu adoro esses dois — não somente por eles serem pessoas genuinamente boas, mas por conta da cultura inclusiva que criaram na Footers. Eles não queriam apenas construir uma empresa de sucesso; eles queriam criar uma família vibrante, na qual os funcionários chegassem de manhã empolgados ao máximo.

A filosofia da Footers é de contratar o indivíduo, não o currículo. Durante as entrevistas, eles perguntam sobre as histórias em vez da experiência. Eles perguntam sobre os passatempos e as paixões. Eles contratam para melhorar a cultura da empresa, assim como seu lucro. Às vezes, isso significa ter liberdade criativa. Por exemplo, após contratar uma mulher chamada Kari, eles perceberam que ela não era compatível com seu trabalho. Enquanto a maioria das empresas mostraria a porta da rua para Kari, essa não é a filosofia da Footers. Ao invés disso, Anthony e April disseram: "Kari, vamos encontrar um cargo aqui e você vai arrasar." Foram necessárias três tentativas, mas Kari finalmente encontrou a função em que poderia brilhar como gerente de relacionamento local.

Organizações como a Footers estão constantemente aprendendo sobre seus funcionários e os encorajando a serem quem realmente são no espaço de trabalho, não importa o quão extravagante seja. Outro exemplo é que Anthony aprendeu que um de seus fornecedores, Lewis, tinha uma história particularmente diferente: Ele amava se vestir de drag. Agora, a maioria dos patrões, provavelmente, diria a Lewis para fazer isso em seu tempo livre, preferivelmente, a quilômetros de distância do escritório. Não na Footers. Anthony e April organizaram uma batalha de dublagem musical estrelando ninguém menos que Lewis como DJ, vestido em uma roupa deslumbrante que deixaria RuPaul orgulhoso. Alguns podem achar o estilo de gerenciar de Anthony e April um pouco

O Dom da Influência

anormal, ainda assim a Footers se tornou uma das empresas de crescimento mais rápido do Colorado, ano após ano ganhando uma menção na lista de "Melhores Lugares para Trabalhar".

Aprendi três coisas sobre curiosidade ao longo dos anos: (1) Todos têm uma história, (2) as pessoas estão dispostas a compartilhar suas histórias se perguntadas de forma autêntica e, (3) para ter uma influência positiva sobre as pessoas, precisamos tirar tempo para aprender sobre elas.

Tornar um hábito perguntar às pessoas sobre elas parece simples, mas nossos cérebros não estão condicionados para isso. Em um estudo conduzido pelo Laboratório de Neurociência Cognitivo Social e Afetiva da Universidade de Harvard, os pesquisadores usaram máquinas de ressonância magnética funcional para escanear pacientes enquanto eles discutiam suas próprias opiniões e traços de personalidade, seguido por suas observações sobre os outros. Claramente, as áreas de "recompensa" do cérebro — que são tipicamente associadas com atividades prazerosas — eram ativadas quando os participantes falavam sobre si mesmos. Um estudo de 2017, publicado no Journal of Personality and Social Psychology confirmou que "a maioria das pessoas passa a maior parte de suas conversas compartilhando suas próprias visões em vez de focar na outra pessoa".

Outro conjunto de estudos da Universidade de Harvard analisou conversas durante encontros às cegas. Os pesquisadores pediram que alguns dos participantes fizessem o máximo de perguntas possível, enquanto outros foram instruídos a perguntar o menos possível. Obviamente, o estudo concluiu que, "As pessoas estavam mais dispostas a ir em um segundo encontro com parceiros que faziam mais perguntas".

Em outras palavras, quando você escuta e faz perguntas complementares, você está sinalizando aos outros que está interessado neles. Esse tipo de curiosidade é o fundamento da influência e também é como os relacionamentos duradouros se formam. Foi assim que eu conheci um de meus melhores amigos, Andy Newland.

Quando pensa em "melhor amigo", você provavelmente pensa naquele parceiro que conheceu no ensino fundamental, que está sempre ao seu lado. Na verdade, eu conheci Andy depois dos cinquenta. Na época, como a maioria dos homens da minha idade, eu não estava procurando adicionar mais comprometimentos à minha vida. Estava ocupado, com três crianças e um trabalho que me fazia viajar por centenas de cidades todo ano.

— Você não acabou de escrever um livro sobre relacionamentos? — perguntou Jil um dia. — Mas você não quer se encontrar com os outros pais na escola dos nossos filhos.

— Estou muito cansado — repliquei. — Muito ocupado. — Você provavelmente já disse algo similar. Você tem sua rotina e se limita a ela. — Eu tenho o Corey Turer — falei. Esse é meu melhor amigo desde o fundamental. — Não preciso de outro melhor amigo.

Porém, minha filha, Caroline, insistiu que eu me encontrasse com seu técnico de basquete na All Souls Catholic.

— Você tem que conhecer o técnico Andy — disse ela. — Ele é excelente. Você vai amá-lo.

— Talvez, querida — hesitei.

— Papai, você tem que conhecê-lo.

Caroline tinha aquele olhar — aquele que diz: eu vou conseguir do meu jeito, não importa quanto tempo demore.

— Tudo bem, vamos almoçar juntos — resmunguei.

Liguei para Andy para me apresentar e uma semana depois nos sentamos para almoçar no meu restaurante tailandês favorito. No momento em que apertei sua mão, entendi o que Caroline viu nele. Ele tinha um sorriso modesto e uma energia calmante, como se sua alma estivesse andando pela terra há milhares de anos. Ele não tinha o topo da orelha direita — um antigo acidente de luta, presumi. A princípio, Andy tinha uma história direta, que qualquer um poderia pesquisar na internet: um homem gentil e humilde, um católico empenhado, presidente de uma empresa de família de fabricação e distribuição de climatização, pai de seis, que dispendia seu tempo como treinador voluntário de basquete para meninas. Agora, aqui está a parte da sua história que eu não teria percebido sem perguntar: Andy deveria estar morto.

Após anos lutando para ter filhos, ele e sua esposa, Lori, foram abençoados com uma filha e um filho, depois de ouvirem dos médicos que

43

isso seria impossível. Com sua vida enfim nos eixos, Andy não queria pensar sobre a verruga que coçava em sua orelha. Por fim, Lori o persuadiu a ver um dermatologista. O diagnóstico foi rápido: melanoma avançado. O médico conseguiu remover a verruga, mas ele foi avisado de que o câncer provavelmente voltaria algum dia.

Por quatro anos Andy viveu sua melhor vida. Ele e Lori tiveram mais três crianças. Sua empresa de climatização prosperou. Os Newlands haviam acabado de assinar o contrato da casa dos sonhos, quando Andy recebeu uma ligação que temia. Era seu oncologista — havia uma mancha nos exames de seu pulmão. Em meses, o câncer havia passeado por seus órgãos até se estacionar em seus gânglios linfáticos do quadril. Andy perdeu mais de 22 kg durante a imunoterapia e, ao final, ele mal conseguia se levantar da cama. Eventualmente, seus médicos pararam com o tratamento e o mandaram de volta para casa para colocar as coisas em ordem e passar seus últimos dias com a família. Contudo, Lori tinha outros planos. Ela encontrou uma clínica, no México, especializada no tipo de câncer de Andy, e o ajudou a juntar forças para cruzar a fronteira. Não sei o que aqueles médicos injetaram nele, mas, após convalescer em Cancún por um mês e fazer sérias mudanças de estilo de vida, Andy estava curado do câncer.

Desde então, Andy aprendeu a aproveitar cada sanduíche. Ele valoriza cada momento com sua família. Cada dia é lindo porque ele ainda está vivo e ele irradia positividade para todos que encontra. Ele ensinou à Caroline e a suas colegas de time a valorizar seus minutos juntas na quadra, assim como ele me ensina a viver todos os dias como se eu tivesse os dias contados. Nós jantamos juntos constantemente, andamos de bicicleta, vamos à missa juntos. Eu investi meu coração nesse relacionamento porque sei que Andy mudaria minha vida, que sua postura gentil e positiva seria uma influência vital quando eu não estivesse apreciando a vida.

Toda vez que falo com Andy, ele me ajuda a ver meus problemas sob outra perspectiva, e agradecer a Deus por me abençoar com uma família linda e saudável. Andy é, de longe, o melhor ser humano que eu tive a sorte de conhecer. Não conseguiria imaginar como minha vida seria se Caroline não tivesse me pressionado para que almoçássemos com o treinador Andy, se eu não me importasse em olhá-lo nos olhos e perguntar: "Então, qual a sua história?"

Quem são as pessoas na sua vida, com rostos e nomes, mas sem histórias conectados a eles? Quais histórias incríveis elas poderiam compartilhar se apenas alguém se importasse em perguntar? Qual novo melhor amigo está por aí, mas você está ocupado demais para encontrá-lo?

TRANSFORME NEGOCIAÇÕES EM INTERAÇÕES

Eu vivi no Colorado por mais de vinte anos, mas sou um nova-iorquino de coração. E uma das coisas que eu mais amo sobre Nova York são os bagels. Talvez seja a água da cidade, talvez seja a forma com que são preparados, talvez seja só aquela atitude de Nova York, mas os bagels tem um gosto de papelão em qualquer outro lugar. Sempre que visito a cidade de Nova York, a primeira coisa que eu compro é um bagel de gergelim com salmão defumado e cream cheese na minha loja favorita, Ess-a-bagel, no cruzamento da Terceira Avenida com a Rua 51. É um negócio tradicional e de família em Nova York. Todos estão com pressa por lá, então o lugar foi planejado para te mover como uma fábrica de automóveis. Você faz o pedido, paga, pega o seu bagel, próximo cliente.

Um dos funcionários é uma mulher que trabalha na loja há anos. Ela parece ser parte de um elenco central, o epítome da nova-iorquina dura e sensata. Se não souber o que pedir quando chegar nela, se hesitar ou mudar de ideia, ela rola os olhos e grita, "Próximo!" e você é mandado, sem cerimônias, para o final da fila. Ela me lembra o personagem Nazista das Sopas, da série Seinfeld, famoso por gritar "Sem sopa para você!" quando um cliente não conseguia fazer o pedido corretamente ou tivesse a audácia de pedir por bolachas.

Um dia, eu estava com um amigo querido, Walt Rakowich, um típico cara do Colorado, acostumado com um estilo amigável e descontraído. Eu o levei até o Ess-a-Bagel e, enquanto estávamos na fila, ele mudava de ideia sobre o que pedir. Ah, cara, pensei, a Nazista dos

O Dom da Influência

Bagels vai comer meu amigo vivo. Decidi fazer algo diferente dessa vez: tentaria criar uma conexão com ela e ver o que acontece. Por que isso seria uma experiência negativa quando poderia ser positiva?

Quando Walt e eu chegamos na Nazista dos Bagels, eu juntei coragem e disse:

— Bom dia, como você está hoje?

Ela me encarou como se eu a tivesse mostrado o dedo do meio.

— O que você quer? — exigiu ela.

— Eu venho aqui toda vez que visito Nova York. Só queria me apresentar. Eu sou Tommy, esse é meu amigo Walt. Qual o seu nome?

Preparei-me para o pior, mas algo em sua expressão pareceu amenizar.

— Barbara — respondeu ela, incrédula, como se tentasse calcular meus motivos. Contudo, eu senti que ela se abriu um pouco. Naquele momento, ela pareceu se transformar diante dos meus olhos. Ela não era essa nova-iorquina fria. Ela era outro ser humano com sua própria vida e seus próprios problemas, assim como Walt e eu. Ela não era a Nazista dos Bagels. Ela era Barbara.

Enquanto fazíamos nosso pedido, começamos a fazer perguntas a ela. Há quanto tempo você trabalha aqui? Qual seu bagel favorito? Perguntei-lhe sobre sua família. Com cada pergunta seu rosto se iluminava. Estávamos interessados na vida dela. Tínhamos mudado de uma relação transacional para algo mais profundo.

Em determinado ponto, ela perguntou:

— Ei, vocês querem uma garrafa d'água? Geralmente oferecemos copos de plástico, mas estão em falta no momento. Quer saber... — Ela caminhou até a geladeira e pegou duas garrafas de água. Então, fez algo que eu nunca vou esquecer: Ela abriu a bolsa e adicionou 3 dólares ao caixa. — Por minha conta — disse com um grande sorriso.

Eu estava comovido.

— Barbara — falei —, muito obrigado, você fez o meu dia. Você se importa se eu te der um abraço?

— Eu adoraria um abraço — respondeu ela com a voz trêmula, como se estivesse esperando por um abraço por toda a sua vida. — Deus o abençoe — disse ela.

— Barbara — falei —, eu vou voltar com a minha família da próxima vez que visitarmos a cidade e vou sempre perguntar por você.

Depois de irmos embora, Barbara voltou a seu típico jeitinho nova-iorquino. "O que você quer? Próximo!" Porém, havia um pouco mais de calor em sua voz, um pouco mais de paciência. Duvido que ela tenha acordado naquela manhã pensando que ganharia um abraço de um cliente, mas Walt e eu mudamos a direção do seu dia simplesmente ao tratá-la como um ser humano. Não sei o quão longe irá esse efeito dominó de influência, mas eu sei que me senti bem comigo mesmo por dias, e gosto de pensar que Barbara também.

Nossas vidas estão cheias de Barbaras — pessoas com quem regularmente fazemos negócios, mas com as quais não interagimos. Porém, não temos esse problema somente em filas para comprar um bagel e um café. Uma pesquisa recente da Harris descobriu que ainda que muitos gerentes tenham dificuldades de dar um feedback negativo aos seus subordinados — nenhuma novidade até aqui, como qualquer chefe pode atestar —, impressionantes 69% admitem que "comunicação em geral" é a parte mais difícil de lidar com seus funcionários. Sim, você leu isso certo: comunicação em geral. Em outras palavras, agir como um ser humano normal. Por que é tão difícil desenvolver relacionamentos significativos com as pessoas com quem negociamos?

Eu também tive essa dificuldades durante anos, até aprender uma técnica simples: Torne o dia de alguém melhor. Tudo que é preciso é encontrar alguém com quem você normalmente faria uma transação — seja um atendente de caixa, um barista ou o Bob da contabilidade — e torne o dia deles inesquecível com um gesto simples. Seja curioso e faça perguntas sobre suas vidas, então identifique uma forma que você possa fazê-los sorrir. Simples assim.

Aqui vai um exemplo. Como estou na estrada por uns 200 dias ao ano, minhas roupas geralmente estão em um estado complicado. Eu enfio calças em malas de mão, jogo as jaquetas no ombro e enquanto que corro para pegar um voo, derrubo café em tudo. Para piorar, eu ganho e perco peso como um efeito sanfona, então preciso de um alfaiate de qualidade. Por anos eu dependi de uma mulher chamada Hilda Mayr, que trabalha em uma pequena loja em Denver. Hilda cresceu na Alemanha, antes de imigrar para os Estados Unidos, nos anos 1960. Ela não esqueceu toda aquela eficiência alemã, e tem tolerância zero. Não fica de conversa fiada, ou conversa alguma que não tenha a ver com seu trabalho. Quando entro em sua loja para fazer bainha nas minhas calças, Hilda diz: "Olá. Okay. Vista as calças."

Não importa o quanto eu tentasse conhecê-la, Hilda era resistente às minhas tentativas. Em sua defesa, Hilda não tem muito tempo para conversar. Em seu "tempo livre", ela faz todos os consertos, alterações e põe emblemas de nomes nos uniformes dos Denver Broncos. O time tinha confiado à Hilda a tarefa de costurar os emblemas do Super Bowl para o campeonato de 2016. Ela inclusive ficava acordada até tarde da noite para costurar emblemas com os nomes de novos jogadores que participariam de coletivas de imprensa na manhã seguinte. Isso pode ser um trabalho de tempo integral para qualquer outro, mas Hilda e seu marido ainda têm um serviço de lavagem a seco para desajeitados como eu, que deixam um rastro de café derramado por onde passam.

Algum tempo atrás, eu entrei na loja de Hilda, pois precisava de um terno novo. O atendimento começou com o usual: "Levante o braço. Agora o outro braço. Vire-se." Coisas assim. Incomodava-me ver essa mulher com tanta frequência e, ainda assim, não saber nada sobre ela.

— Hilda — perguntei um dia —, qual sua comida favorita?

Hilda me deu um olhar severo, então murmurou:

— Hambúrguer com queijo americano. — Bem, quando eu entrei em sua loja, uma semana depois, para buscar meu terno, eu a comprei um grande e suculento hambúrguer com queijo americano. Ela olhou para mim por um momento, espantada, então deu um largo sorriso. Desde então, esse tem sido nosso ritual. Quando vou visitar a Hilda, eu a levo um grande hambúrguer de queijo.

Foram minhas simples interações com Hilda que me ajudaram a passar pela pandemia de COVID-19. Eu amo ver as pessoas, abraçá-las e, simplesmente, estar perto, mas não pude fazer muito disso durante todo o ano de 2020. Uma semana antes do Natal, eu entrei na loja de

Hilda para buscar minhas calças prontas. Nós nos cumprimentamos através das nossas máscaras, mas, em vez de um hambúrguer de queijo, eu a entreguei uma garrafa de vinho e um cartão escrito à mão.

— Feliz Natal, Hilda! — falei.

Quando a entreguei seu presente, toda aquela dureza alemã evaporou. Seus olhos se encheram de lágrimas e ela disse docemente:

— Eu tenho trabalhado aqui há quarenta anos. Tive milhares e milhares de clientes, Tommy, e nenhum deles me comprou um presente de Natal. Sou tão grata a você. — Não considero Hilda uma das minhas amizades próximas, mas aquele momento fez com que nós dois chorássemos. Após meses sem poder estar perto das pessoas as palavras de Hilda me asseguraram de que tudo ficaria bem. Um momento de aconchego após tanto frio. Estamos todos juntos nessa.

Vá em frente e faça uma lista de todas as pessoas com quem você interage na sua rotina. Pode parecer assustador, até que você perceba como nossas bolhas são pequenas, como temos conversas significativas com pouquíssimas pessoas. Transforme isso num objetivo — talvez uma vez por semana —, identifique uma pessoa que você vê, mas não conhece, e a faça sorrir.

Aqui está outra coisa divertida para tentar: Faça o dia de um total estranho melhor. Por volta de sete anos atrás, eu estava na região dos Ozarks para um evento da Associação de Diretores do Ensino Secundário do Missouri. Eu havia sido convidado por minha amiga, Jennifer Strauser, uma diretora de ensino médio em Eureka. Ela é uma das melhores educadoras que conheço. Jennifer negou repetidas vezes uma promoção na escola onde trabalha, pois isso significaria ter que passar mais tempo atrás de uma mesa e menos tempo trabalhando com as crianças.

Essa conferência era o meu maior medo durante a adolescência: ficar preso em uma sala com setecentos diretores de escolas. Eles não estavam lá para me mandar para a detenção, felizmente; eu estava palestrando. Isso mesmo, ao menos uma vez, era eu quem dava a lição! Após a conferência, Jennifer sugeriu que parássemos para comer no caminho até o aeroporto, então paramos em um restaurante pequeno e discreto. Você não sabe o que é rural até conhecer os Ozarks. Rios extensos, colinas ondulantes, pastagens verdejantes — é possível dirigir por quilômetros sem ver outra pessoa. Esse pequeno restaurante estava quase vazio, e era um pouco decadente, e a garçonete quase pareceu surpresa ao nos ver entrar pela porta. Ela nos entregou cardápios plastificados e nos serviu um café que parecia que estava no bule há alguns dias. Não precisava dizer que eu tinha expectativas baixas quando pedi uma omelete.

Ao partir e dar uma mordida, eu derrubei o garfo. Era a melhor omelete que eu havia comido. Os ovos, o queijo, a linguiça, os cogumelos, as cebolinhas, o abacate picado — tudo derreteu junto na minha boca em pura perfeição. "O paraíso não é no céu", pensei, "é na cozinha desse restaurante nos Ozarks". Fui tomado pela necessidade de fazer algo. Não podia simplesmente comer a omelete perfeita, deixar algumas gorjetas e sair.

— Acho que tenho que conhecer o chefe! — falei com Jennifer.

— Por causa de uma omelete? Só você, Tommy — riu ela.

Eu imediatamente chamei a garçonete.

— Desculpe-me, eu preciso falar com o chefe. Essa é a melhor omelete que eu já comi na minha vida.

A garçonete pareceu ligeiramente confusa, mas concordou em repassar a mensagem. Alguns minutos depois, o chefe apareceu. Ele era um jovem rapaz, com seus 20 anos de idade, usando um boné de beisebol virado para trás. Perguntei por seu nome. "Mike", disse ele. Apresentei-me e o convidei para se sentar, então olhei-o nos olhos e disse como era delicioso o prato que ele havia preparado. Eu contei a ele que havia estado em restaurantes cinco estrelas em Nova York e Los Angeles, comi pratos preparados por chefes famosos, treinados nos melhores institutos de gastronomia — nenhum daqueles pratos se comparava com a omelete que esse garoto tímido do Missouri preparou em 5 minutos. Eu disse a Mike que, se eu voltasse aos Ozarks, em 10 anos, e ele não tiver aberto seu próprio restaurante, eu o darei um chute no traseiro. Apertamos as mãos e Mike deixou nossa mesa, sorrindo de orelha a orelha.

Cinco anos depois, Jennifer participava da cerimônia de formatura anual do nosso programa National Leadership Academy, em Denver. Seu distrito escolar envia trinta alunos a cada ano para o NLA, e ela tira um tempo de suas merecidas férias de verão para apoiá-los na formatura. Essa cerimônia foi especialmente importante, porque foi o aniversário de 20 anos de fundação do NLA, e pudemos refletir sobre o quão longe chegamos. Enquanto me preparava para subir no palco e fazer meus agradecimentos finais, ouvi Jennifer conversando com uma amiga que comparecia pela primeira vez.

— Conte-me sobre esse cara, Tommy Spaulding — pediu a amiga.

Eu esperava que Jennifer contasse a ela do meu tempo com a Up with People, ou sobre meus livros, ou sobre meu trabalho com líderes de negócios, blá, blá, blá. O tipo de tópicos que você coloca no perfil do LinkedIn. Em vez disso, ela disse: "Deixe-me te contar sobre a vez que Tommy e eu entramos em um restaurante nos Ozarks..." Jennifer não se importava com minhas credenciais ou meus prêmios. Ela se importou com um momento de influência que deixou uma impressão duradoura, não somente em Mike, o chefe da omelete, mas também em Jennifer.

Não sei se Mike terá seu próprio restaurante um dia — talvez seus sonhos e esperanças estivessem em outro lugar — mas eu gosto de pensar que ele sempre se lembrará daquele momento em que um cliente aleatório entrou em seu restaurante e disse que ele fazia uma excelente omelete. E eu gosto de pensar que Mike será uma das 80 mil pessoas me apoiando no meu estádio um dia.

Imagine caminhar na rua sabendo que a qualquer momento você pode influenciar dramaticamente a vida de um completo estranho. Todos têm o poder, basta escolher usá-lo.

Aqui vai uma ótima forma de começar com pouco: Elogie um estranho.

Charlotte Haigh estava caminhando por uma rua de Londres um dia, quando uma mulher chamou sua atenção. Ela vestia um lindo vestido vermelho e Charlotte teve o desejo de dizer como ela parecia ótima. Porém, sua timidez a venceu. Mais tarde, Charlotte se sentiu envergonhada por não dizer nada. "Afinal, já existe maldade e criticismo suficiente no mundo", explicou ela para a revista *Prima*. No dia seguinte, quando saía de uma loja, seguida por uma mulher vestindo uma blusa branca chique e jeans de boca de sino, ela decidiu agir.

— Você está linda — disse ela abertamente.

O Dom da Influência

A mulher parou de repente e sorriu, então seus olhos se encheram de lágrimas.

— Você não sabe o ânimo que isso me deu — respondeu ela. — Estou passando por um divórcio e estava tendo um péssimo dia. Você realmente me animou.

Desde então, Charlotte transformou elogiar estranhos em uma prática diária. Seja os lindos olhos azuis de alguém, suas sardas, ou suas escolhas de moda, sua única regra é ser sincera. Ela ocasionalmente recebe alguns olhares envergonhados, mas a maioria de seus elogios levam a trocas e agradecimentos genuínos.

Dentro de uma semana, Charlotte percebeu que seu experimento estava fazendo com que ela se sentisse bem melhor sobre si mesma. "Espero que meus elogios criem um efeito dominó", escreveu ela. "Ontem mesmo, uma mulher se aproximou de mim em uma loja de departamento para me dizer como eu parecia estilosa. Eu me pergunto se ela disse isso porque algum dia um estranho comentou algo adorável sobre ela — gosto de pensar nisso como karma de elogio."

Tornar o dia de alguém inesquecível, seja através de um gesto sincero ou um elogio feito perfeitamente não é apenas algo bom a se fazer, você está afetando profunda e positivamente a química cerebral de uma pessoa. Um estudo descobriu que elogios e aprovações ajudam as pessoas a aprenderem novas habilidades motoras e novos comportamentos. Além disso, receber palavras gentis ativam o estriado ventral, mais conhecido como o centro de recompensas do cérebro. Na verdade, um time de pesquisadores, utilizando máquinas de ressonância magnética, descobriu que receber elogios é tão empolgante para o cérebro quanto encontrar muito dinheiro. Acho que há um fundo de verdade naquela velha expressão: "Sua aparência vale US$1 milhão!"

NORMALIZE A GENTILEZA

Um dos palestrantes mais talentosos que conheço é um jovem rapaz chamado Houston Kraft. Ele é escritor, criador de currículos e um ativista da gentileza, que palestra em escolas, conferências e eventos internacionais de juventude. Houston está apenas no começo dos seus 30 anos, mas já palestrou para milhões de jovens em seiscentos eventos, incluindo o discurso de 2017 do nosso National Leadership Academy. Sua organização, CharacterStrong, elabora currículos que promovem a política da compaixão em 2.500 escolas, as quais atendem mais de um milhão de crianças. Essa é a versão longa de sua biografia. A versão curta é: Houston Kraft é o cara mais legal que eu já conheci.

Tem uma história que Houston conta que aborda uma segunda, e mais desconfortável, maneira de se tornar mais interessado nos outros. Uma coisa é ter curiosidade sobre os passatempos e interesses de outra pessoa. Outra coisa completamente diferente é se interessar no porquê uma pessoa está sofrendo e saber como você pode fazer para que isso melhore. Bem, é exatamente isso que Houston faz. Alguns anos atrás, ele embarcou em um avião a caminho de casa, depois de completar uma turnê repleta de palestras. Ele estava exausto e, bem quando Houston estava pronto para desabar no seu assento e cochilar, a mulher ao seu lado cutucou seu ombro.

— Oi, meu nome é Helga!

Sendo o cara mais legal do mundo, Houston se endireitou na cadeira e se apresentou. Eles começaram a conversar sobre uma organização que ele começou no ensino médio, chamada RAKE (sigla em inglês para Atos Aleatórios de Gentileza Etc.). De repente, Helga ficou triste.

— Não há nada mais importante nesse mundo do que a gentileza — disse ela, então ficou quieta. A maioria das pessoas assentiria com a cabeça e aproveitaria o momento de pausa para terminar a conversa e tirar um cochilo. Mas Houston estava curioso. Aquele era claramente um tópico amargo para Helga.

— Por que você diz isso? — questionou, gentil.

Helga respirou fundo e contou a ele sobre a última vez em que esteve em um avião. Tinha sido há três anos, e ela voava para Washington, D.C., porque a saúde de seu pai havia piorado. Durante o voo, ela estava pensando em todas as coisas que queria dizer a seu pai. Todas as memórias pelas quais gostaria de agradecer. As palavras para dar seu último adeus. Porém, quando o avião pousou, sua irmã ligou: Seu pai acabara de falecer. Helga sentou-se no avião em completo silêncio, vagamente ciente dos outros passageiros conversando e pegando seus pertences. Quando desceu no Aeroporto Internacional de Dulles, ela se encolheu em uma bola contra a parede mais próxima e começou a chorar incontrolavelmente. Ela chorava, gemia e soluçava à medida que a ficha caía: Ela nunca mais veria a pessoa mais importante da sua vida. E nunca teria a oportunidade de se despedir.

Depois contou a parte que fez com que o próprio Houston chorasse, e a razão pela qual ele conta essa história em suas palestras.

— Houston — disse Helga —, nenhuma pessoa parou para perguntar se eu estava bem. Ninguém perguntou se poderia ajudar. Ninguém colocou a mão no meu ombro e disse: "Tem algo que eu possa fazer?" Ninguém. Foi naquele dia que eu percebi como precisamos uns dos outros. Foi naquele dia que eu percebi que a gentileza não é normal.

A gentileza não é normal. Foi nisso que nos tornamos? É provável que as centenas de pessoas que passaram por Helga enquanto ela chorava copiosamente não se considerem grosseiras. Elas têm famílias e trabalhos e fazem coisas boas todos os dias para as pessoas que amam. Porém, um estranho chorando sozinho no aeroporto? Olhamos para o outro lado e continuamos caminhando. Desde aquela experiência, Houston tem estado à procura de Helgas — "pelas pequenas oportunidades que me cercam diariamente de, praticando, tornar a gentileza meu comportamento padrão", diz ele.

Quando ouvi a história de Houston, pensei sobre uma garota que conheci no fundamental, chamada Kathleen. Nossas famílias frequentavam juntas a Igreja Católica Sacred Heart, em Suffern, Nova York. Eles eram uma das famílias mais gentis que você poderia encontrar, e Kathleen não era uma exceção. Ela sempre tinha um sorriso no rosto. E tinha os olhos azuis mais acolhedores que já vi. Infelizmente, Kathleen sofria com psoríase e sua pele parecia ter sido severamente queimada pelo sol. Alguns dos nossos colegas de turma faziam piadas com ela. Eles a chamavam de "sarnenta" e "tomate descascado". Eu nunca me juntei a eles, mas também nunca levantei um dedo para calá-los. Esse papel ficou para o irmão de Kathleen, Rich, que se certificava de que qualquer um que zombasse de sua irmã voltasse para casa com um olho roxo.

Um dia, eu estava sentado ao lado de Kathleen na missa, quando chegou o momento da congregação dar as mãos para rezar juntos. Kathleen não moveu seu braço; ela esperou que eu evitasse tocá-la como todos os outros. Porém, eu estava curioso para saber qual era o grande problema daquilo. Kathleen era realmente tão diferente de mim? E daí se ela tinha a pele irritada? Peguei na mão de Kathleen e segurei firme, e ela sorriu para mim. Esse foi o começo de nossa amizade.

A história de Houston também me fez pensar sobre Chad Harris, um cara que conheci no meu primeiro ano de faculdade. Vivíamos na mesma república, na East Carolina University — ele morava no 142 do Garrett Hall e eu no 120. Assim como Kathleen, Chad era alguém que as pessoas tendiam a evitar. Um ano antes, Chad tinha mergulhado de cabeça em águas rasas e sua cabeça se chocou contra algumas pedras. Ele quebrou o pescoço e ficou tetraplégico. De repente, Chad se tornou uma daquelas pessoas para quem você acena, segura a porta para passar, mas quem nunca conhece de fato.

Um dia eu me deparei com o padrasto de Chad, Ray, no Garrett Hall. Ele e sua esposa estavam hospedados em um hotel próximo, cuidando de Chad enquanto ele vivia no campus. Do nada, Ray me perguntou se

O Dom da Influência

eu queria um trabalho de meio período para cuidar do seu enteado. Ele não podia pagar mais do que um salário mínimo — somente alguns trocados por hora, na época. Eu conseguiria mais dinheiro em um fim de semana sendo bartender do que em um mês cuidando de Chad, mas dinheiro era dinheiro, e eu era um estudante universitário duro.

— Eu adoraria — respondi.

Porém, algo incrível aconteceu. Eu me apaixonei pelo coração e o senso de humor endiabrado de Chad. Ele era o maior fã de Greatful Dead no mundo e ficou famoso no campus por suas camisas tie dye. Chad poderia aliviar qualquer situação desconfortável com a piada perfeita — sua piada favorita era "Não me faça levantar dessa cadeira e dar um chute no seu traseiro!". Mas, acima de tudo, eu era inspirado por sua positividade incansável.

Em pouco tempo eu me importava com Chad, não por ser pago por isso, mas porque eu o amava como a um irmão. Todos os dias eu o alimentava. Eu o ajudava no banho, a ir ao banheiro, a se vestir e a se preparar para a aula. Eu me tornei plenamente consciente de como os espaços públicos são inacessíveis. Eu me irritava quando via degraus para entrar em um prédio, mas nenhuma rampa. Discriminação por meio de tijolos e concreto, ao invés de palavras. Chad uma vez me disse que ele ficava com raiva ao ver estudantes fisicamente capazes apertarem o botão de acessibilidade para abrir a porta da biblioteca porque estavam com preguiça de abri-la eles mesmos. As pessoas não fazem ideia de como são felizes, só por poderem transitar, e me irrito até hoje quando pessoas que não merecem utilizam aquele botão. Graças ao Chad, eu vi o mundo através de lentes completamente novas.

Durante os primeiros e os últimos anos de faculdade, Chad e eu viajamos juntos para a Flórida nas férias de primavera. Assistimos ao show do Grateful Dead. Após a graduação, compramos Passes Eurail e fizemos mochilão pela Europa. Fomos ao topo da Torre Eiffel conhecemos o Coliseu. Eu não via mais a cadeira de rodas ou um homem tetraplégico. Ao invés disso, eu via um cara com uma sagacidade instantânea e um lindo coração. Um cara que me ajudou quando eu estava sofrendo por conta da dislexia e reprovava na maioria das matérias na faculdade. Quando ficava bravo com Deus por tornar tão difícil a minha leitura, eu pensava sobre como águas rasas roubaram uma vida de mobilidade de Chad. Isso não o impediu de amar sua vida, e eu sabia que não poderia permitir que um monte de palavras misturadas numa folha de papel me impedissem de amar a minha.

Eu sei que Chad não precisava de mim para viver o seu melhor — e, por fim, ele foi uma influência bem maior para mim do que eu fui para ele —, mas uma das maiores alegrias da minha vida foi trabalhar como seu cuidador por aqueles quatro anos e aprender como tornar a gentileza um pouco mais normal.

Antes de encerrar este capítulo, eu gostaria que você imaginasse por um momento o que acontece quando toda uma instituição é cheia de pessoas que estão em uma missão para normalizar a gentileza. Tive o prazer de ver muitas delas na minha vida, porém, um dos meus exemplos favoritos é de um restaurante italiano em Toronto, chamado Trattoria Nervosa. O estabelecimento de cem lugares ocupa uma velha casa vitoriana cercada por arranha-céus modernos, como um vislumbre do velho século na grande cidade. É um lugar voltado para a família, com ambientação à moda antiga italiana. Por volta de uns seis anos atrás, eu estava na cidade com meu filho Tate, que tinha 8 anos de idade na época, devido a um torneio de hóquei. Numa noite, entramos no Trattoria Nervosa esperando por algo simples e familiar, visto que Tate estava indisposto.

Por ser domingo a noite, o lugar estava lotado. Após esperar por 45 minutos, conseguimos uma pequena mesa no andar de cima e nossa garçonete percebeu imediatamente que Tate não estava se sentindo bem. Ela explicou que também era mãe, e uma mãe sempre consegue dizer quando um garotinho ou garotinha está doente.

— Você deu Motrin a ele? — perguntou ela.

— Não — respondi, um pouco envergonhado. Eu nem tinha certeza do que era um Motrin.

A garçonete sorriu gentilmente e disse:

— Sem problema. Vou dar um pulo na farmácia do outro lado da rua e buscar um para ele.

O Dom da Influência

Eu estava sem palavras; o restaurante estava lotado e, ainda assim, a garçonete foi gentil o suficiente para correr até a farmácia. Quem faz isso? Ela voltou alguns minutos depois se desculpando pela farmácia estar fechada. Eu comecei a agradecê-la por ter tentado, mas ela me cortou.

— Não se preocupe, meu gerente vai cuidar disso.

Um minuto depois, um homem robusto, vestindo uma camisa de botões se aproximou da nossa mesa e disse com um sotaque italiano carregado:

— Encontramos uma farmácia que fica aberta até tarde a 10 minutos daqui e um dos nossos ajudantes está em um táxi agora para buscar seu Motrin. Meu nome é Christian Alfarone e, por favor, me comunique caso eu possa fazer algo mais por você.

"Eles mandaram um ajudante num táxi?" Pensei. "Quem faz isso?"

Olhei para o meu prato e mordi o lábio. Não éramos um grupo de pessoas importantes pedindo garrafas de vinho de US$500. Pedimos um prato de espaguete com almôndegas, de US$18, para duas pessoas. Nossa conta não cobriria o valor do táxi.

Christian pareceu perceber meu desconforto.

— Não é nenhum problema — disse ele. — Estamos felizes de receber sua visita nesta noite.

Meia hora depois, o ajudante chegou na nossa mesa para entregar o Motrin e a febre de Tate cessou antes de terminarmos a sobremesa. Quando deixamos o restaurante, tentei pagar pelo medicamento e a viagem de táxi, mas Christian dispensou.

— Foi um prazer, senhor — disse ele. — Por favor, volte da próxima vez que estiver em Toronto. — Eu peguei seu cartão e me certifiquei de enviar-lhe uma nota de agradecimento.

Quando cheguei em casa, enviei para Christian uma dezena de cópias do meu segundo livro, para que ele compartilhasse com seus funcionários. Eu disse que ele era um verdadeiro líder servil e que deveria se orgulhar do incrível trabalho que fez com o Trattoria Nervosa. Nos tornamos amigos rapidamente e eu mandei centenas de novos clientes ao seu restaurante.

Christian ultimamente é figura registrada em meu discurso, tudo por conta daquele frasco de Motrin. Eu conto para minha plateia que todos que trabalham no seu restaurante são embaixadores da influência positiva. Cada funcionário, desde os cozinheiros e os garçons até os proprietários entendem quanta bondade você gera ao normalizar a gentileza. Aquele remédio de US$10 não foi apenas uma boa ação, foi um investimento em um cliente para a vida toda e, para Christian, investimentos assim se pagam. A receita de seu elegante e pequeno estabelecimento é mais que o triplo de um restaurante canadense comum de tamanho similar. O triplo. E não tem nada a ver com a comida. Christian uma vez explicou para mim que ele não está nos negócios de restaurantes. "Meu trabalho não é fazer espaguete e almôndegas. Estou no ramo da influência. Irei influenciar cada membro do meu time e eles influenciarão cada um que entrar no meu restaurante."

Quando você normaliza a gentileza, os resultados a longo prazo podem ser tudo, menos rotineiros. Uma das minhas histórias favoritas de todos os tempos é a seguinte: Desde muito jovem, meu enteado, Anthony, era fissurado em servir aos outros. Quando completou 18 anos, ele decidiu viver disso, começando por se alistar na Academia da Força Aérea dos Estados Unidos, em Colorado Springs. Anthony ama estruturar, ele adorava liderar seu time de hockey e ama seu país, então, Jill e eu concordamos em fazer tudo que pudéssemos para ajudá-lo a realizar seu sonho.

Entrar na Academia da Força Aérea não é a mesma coisa que se inscrever para uma faculdade típica. Além das notas de elite, você precisa de um caráter de elite. Você precisa ser o melhor em tudo que faz. E também precisa que um membro do congresso o recomende. Bem, Anthony é certamente bom em quase tudo o que faz e, eu não conheço um jovem rapaz mais honrado que ele, mas suas notas não eram bem de elite. Ele se formou no ensino médio com uma média de 3,65 e a média dos cadetes que entravam era de 3,87, mas ele organizou sua candidatura e, em um dia frio de novembro, Anthony esperou na fila do lado de fora do escritório do senador dos E.U.A., Michael Bennet, no centro de Denver. Ele seria um entre as dezenas

O Dom da Influência

de jovens entrevistados pela bancada avaliadora, concorrendo a uma das dez vagas para as Forças Aéreas, oferecidas pelo senador.

A entrevista foi boa, porém nós sabíamos que as chances de ele receber uma indicação eram poucas, devido às suas notas. Contudo, eu queria dizer a ele o quão orgulhoso estava, então Anthony e eu fizemos planos de almoçar no dia seguinte, antes do seu voo para o Canadá, onde ele jogaria hóquei júnior. Mas, no último minuto, Anthony cancelou. Não perguntei o motivo quando o deixei no aeroporto naquela tarde, apesar de me sentir um pouco magoado. Adoraria aquele momento com ele.

Quando comentei a respeito disso com Jill, mais tarde naquele dia, ela me encarou.

— Quer dizer que ele não te contou o motivo?

Ela me contou que, enquanto Anthony esperava do lado de fora na fila para a entrevista no escritório do senador Bennet, ele começou uma conversa com um homem em situação de rua. A maioria das pessoas passam direto por eles, como se fingir que eles não existem fosse mais educado. Não Anthony. Ele se sentou com ele. O homem havia perdido o emprego e estava apenas tentando mudar sua vida, descobriu Anthony. Ao invés de assentir e dizer "Boa sorte", Anthony perguntou ao homem o que ele precisava. No dia seguinte, ele cancelou o almoço comigo para dirigir ao supermercado comprar, com seu próprio dinheiro, creme de barbear, desodorante, meias, carne seca e outros itens essenciais. Então, ele dirigiu até o centro da cidade, encontrou o homem e o entregou uma sacola de mercado cheia de suprimentos. Anthony nunca pensou em me contar, porque não era algo pelo qual ele queria crédito. Ele não queria um tapinha nas costas. Ele sabe que ser gentil não é algo do qual você se gaba, é algo que faz.

Um mês depois, eu estava de férias em Maui com Caroline e Tate. Encontrei-me com um amigo de longa data, Adam Agron. Adam é o sócio-gerente de um dos maiores e mais bem-sucedidos escritórios de advocacia do oeste dos Estados Unidos. Estávamos conversando antes do jantar e eu mencionei que Anthony estava se candidatando para a Academia da Força Aérea. Quando contei o que Anthony fez pelo homem em situação de rua, seus olhos se encheram de água.

— Tommy — disse ele —, eu farei uma ligação em prol do Anthony.

Acontece que aquela ligação foi para escritório do senador Michael Bennet. Ele conhecia o senador e seu chefe de gabinete e queria que o comitê de nomeação conhecesse esse homem gentil que estavam considerando para adentrar a academia. Por fim, Anthony não recebeu a nomeação da Academia da Força Aérea. Mais tarde descobrimos que aquele havia sido um dos anos mais competitivos e suas notas não eram muito boas. Mas não é aqui que a história termina. Em janeiro, Anthony recebeu uma carta no correio. Era do escritório do senador Bennet. Ele havia nomeado Anthony para uma admissão na Academia Militar dos Estados Unidos em West Point — uma escola que forma generais cinco estrelas, presidentes e futuros CEOs das empresas classificadas dentre os 500 da revista Fortune.

Quando Anthony partiu para West Point, em junho de 2021, ele fez seu juramento de serviço no mesmo campo em que muitos dos melhores líderes deste país pisaram antes dele. Ele recitou o mesmo juramento que Grant, MacArthur, Eisenhower e Patton e, em seguida, desapareceu num mar de cadetes em uniformes brancos. À medida que Anthony iniciou o próximo estágio de sua promissora vida jovem, eu pensei sobre aquele único ato de influência que o levou a uma jornada incrível e inesperada a cruzar quase 3.000 km dentro do país, para uma das instituições mais aclamadas da América.

Não posso garantir que essas coisas maravilhosas irão acontecer quando você fizer algo bom pelos outros, mas posso prometer que se sentirá melhor consigo mesmo. E a sua gentileza pode até ser contagiante. Um estudo de 2010, publicado na revista científica *Proceddings of the National Academy of Sciences*, provou que a generosidade é altamente contagiante. Os pesquisadores estudaram pessoas enquanto elas jogavam um jogo de tabuleiro que recompensava atos de ganância. Quanto mais sujo a pessoa jogasse, melhor ela se saía. Porém, quando um único jogador decidiu ser generoso em vez de ganancioso, as dinâmicas do jogo foram abaixo. Em vez de agir com ganância, os outros jogadores responderam com atos similares de generosidade. Aquele simples ato criou um efeito dominó de gentileza que continuou a crescer, mesmo com os jogadores agindo contra seu próprio interesse.

De que maneiras você pode normalizar os atos de gentileza em sua vida? Aqui vai uma maneira de começar: pense nas pessoas de quem você instintivamente desvia o olhar. As pessoas cujas circunstâncias o deixam desconfortável. Seja genuinamente interessado em suas histórias, então vá além e se interesse por como você pode ajudá-las. Isso pode ou não mudar a vida delas, mas certamente mudará a sua.

PARTE III

O SEGUNDO I DA INFLUÊNCIA: INVESTIMENTO

QUAL O MEU LEGADO?

Meus amigos tendem a resmungar quando menciono meu mentor, Jerry Middel, durante as nossas conversas. Eles acenam educadamente, mas eu sei o que estão pensando: "Ah, ótimo, outra história do Jerry".

Se você leu meus primeiros dois livros — ou conversou comigo por mais de vinte minutos — sabe que eu não consigo parar de tagarelar sobre o Jerry. Depois da minha esposa, filhos e pais, ele é a pessoa mais importante da minha vida. Praticamente toda semana, pelas últimas duas décadas, nós tomamos café juntos ou ligamos um para o outro. "Como está sua família?" Ele pergunta. "Como estão os negócios? Como está o Tommy? O que eu posso fazer por você?" Jerry fez as preces no meu casamento. Quando Jill e eu não tínhamos crédito para comprar nossa primeira casa, ele foi nosso fiador na hipoteca. Ele me colocou de volta nos trilhos da minha fé. Ele doou milhares de dólares para a National Leadership Academy. Ele tem sido uma figura paterna para mim, ao ponto de chamá-lo de Pops.

Porém, existe uma história de Jerry que eu não contei ainda. Quando se aproximava o seu 75º aniversário, há alguns anos, eu quis fazer algo especial por ele. Por anos nossas conversas giraram em torno das minhas dificuldades, do meu sucesso, da minha vida — eu, eu, eu. Por uma noite eu queria que fosse apenas sobre o Jerry. Liguei para sua esposa, Joyce, e perguntei se poderia pegá-lo emprestado em seu aniversário especial, e ela concordou. Entramos em meu carro e dirigimos por 2 horas até Vail, no Colorado, onde aluguei uma suíte. Tivemos um jantar chique e levamos uma garrafa de bourbon para

O Dom da Influência

o quarto. E então, conversamos. Conversamos enquanto a noite se tornava manhã, apenas com uma garrafa vazia de Blanton's para marcar a passagem do tempo. Conversamos sobre nossas vidas, nossos casamentos, nossos filhos, nossos medos. Jerry se abriu a respeito da época em que serviu na Guerra do Vietnã, algo sobre o qual ele quase nunca fala. Então falamos sobre algo que jamais esquecerei.

— Tommy, qual é o meu legado? — perguntou ele, com uma melancolia que eu nunca ouvi antes.

— O que você quer dizer? — repliquei. Como pode um homem que fez tantas coisas boas em sua vida não saber o seu próprio legado?

— Eu ganhei muito dinheiro na minha vida. Tenho um negócio de muito sucesso. Fui mentor de vários jovens. Doei para caridades e fiz parte de muitas das suas diretorias. Mas esse é o meu legado? Doar dinheiro para que outras pessoas mudem vidas?

Jerry deixou sua taça de bourbon de lado e me olhou nos olhos. Ele estava chorando.

— Tommy, você pessoalmente ajudou milhares de crianças a aprender habilidades de liderança. Você começou uma organização sem fins lucrativos, escreveu dois livros best-sellers e tocou o coração de pessoas ao redor do mundo. Elas lerão as suas palavras e ouvirão as suas palestras por muito tempo após você partir. E eu? Eu não escrevi nenhum livro, nem palestrei para milhares de pessoas. Eu só tentei ser um bom marido, pai, empresário e me envolver com a minha comunidade. Porém, eu não tive um grande impacto. Eu não mudei nada.

Eu o encarei enquanto ele ficava quieto. Então sorri e disse:

— Jerry, você está pronto para levar uma surra? — Foi a mesma frase que Jerry sempre usava quando eu não tinha sido um bom pai, marido ou chefe. Pela primeira vez eu a retribuí para ele.

Passei a meia hora seguinte colocando Jerry no seu lugar.

— Você está olhando para isso do jeito errado — falei. — Claro, algumas pessoas criam organizações sem fins lucrativos e doam grandes quantias para o mundo ver. Talvez elas tenham um grande legado, talvez não. Mas você se dedicou ao máximo ao nosso relacionamento. Você, literalmente, mudou minha vida. Você tem mais influência em mim do que qualquer outra pessoa no planeta. Isso é legado. Deixar um legado significa que você tornou a vida de outra pessoa melhor. Eu nunca teria começado minha caridade e ajudado todas aquelas crianças se você não tivesse me apoiado a cada passo. Você investiu em mim e toda a bondade que eu fiz, é um legado tanto seu quanto meu.

Quando terminei, Jerry estava radiante. Ele havia entendido. Percebi que sua dor vinha aumentando nos últimos anos, à medida que ele desbravava o crepúsculo de sua vida. Fiquei orgulhoso em fazer o certo por ele, após ter recebido tanto do seu amor por tanto tempo.

Nas semanas e meses seguintes, pensei sobre o que Jerry havia me dito. Pensei muito sobre como o legado do meu mentor será uma onda crescente, de formas tão estranhas e belas, impactando as gerações futuras. Sua influência em mim pode ser medida quase em tempo geológico, pontuada por nossos cafés da manhã semanais e nossas ligações, acompanhamento regular, seu encorajamento durante os bons períodos e sua presença firme durante os períodos difíceis. A determinação incansável de Jerry de permanecer na minha vida é a maior lição de influência que eu já aprendi.

Na seção anterior, nós vimos que se interessar pelas outras pessoas é a porta para uma influência duradoura. Agora veremos o que acontece quando você dá o próximo passo e investe por um longo período na vida dos outros. Os próximos capítulos são sobre expandir a sua esfera de influência. Para a maioria das pessoas, essa esfera engloba seus pais, avós, filhos e, talvez, amigos próximos. Cuide dessa esfera — cuide do seu próprio jardim, apare sua grama, limpe a entrada da casa. Mas, e se você pudesse expandir o seu legado para além do núcleo familiar? Para amigos distantes, colegas de trabalho e clientes? Para o seu encanador, seu barbeiro, seu cliente favorito? Os maiores influenciadores — pessoas como Jerry Middel — incansavelmente expandem sua esfera de influência e deixam um pedaço de seu legado em cada um que tiver a sorte de cruzar seu caminho.

Parece muito trabalhoso, mas é fácil. Tudo o que você precisa fazer para começar é seguir uma regra simples: Cumpra com a sua palavra.

CUMPRA COM A SUA PALAVRA

Deixe-me contar a história de uma mulher chamada Nancy. Atualmente, ela e seu marido administram uma igreja que atende milhares de pessoas. Anos atrás, quando estavam começando a construir sua igreja, Nancy determinou que seu objetivo era conhecer a todos em sua congregação.

Um dia, ela encontrou uma mãe solo chamada Maggie. Era óbvio que Maggie estava passando por dificuldades. Suas roupas eram desgastadas e, quando Nancy dirigiu até sua casa para visitá-la, ela percebeu o gramado alto, cheio de ervas daninhas. No telhado estavam faltando algumas telhas, a pintura estava descascando — e a lista continua. Quando bateu à porta, Nancy fez uma nota mental de se lembrar de tudo ali que precisava de algum reparo. Maggie a convidou para entrar, mas era evidente que estava envergonhada pelo estado de sua casa. O chão estava sujo, parecia que ninguém o limpava há semanas e as janelas também estavam cobertas com sujeira. Nancy se lembrou de tudo que viu. Por fim, ela chegou na cozinha, que estava lamentavelmente vazia. Quase toda a comida na geladeira era para o bebê. Como mãe solo, era difícil ganhar o suficiente para alimentar duas bocas.

Nancy se despediu e dirigiu direto para casa, onde escreveu uma lista de tudo que Maggie precisava: o gramado precisava ser aparado e as ervas daninhas arrancadas. O telhado precisava de reparos. A casa precisava de uma pintura. As janelas precisavam ser lavadas. O interior precisava de uma limpeza pesada, e todos os quartos precisavam ser arrumados. E o principal, Maggie precisava ter sua cozinha reabastecida

O Dom da Influência

com itens essenciais. Nancy fez planos de começar uma arrecadação de alimentos e de convencer os outros membros a se juntarem para tornar a vida de Maggie um pouco mais fácil. Afinal, pensou ela, para que serve uma igreja se não for para se unir em auxílio aos que precisam?

Sabe o que Nancy fez em seguida? Absolutamente nada.

Ela ficou atarefada com a vida. Ela tinha uma igreja e uma família para cuidar. Tinha uma enxurrada de telefonemas e-mails para responder, eventos para planejar e reuniões para ir. A lista de Maggie se afundou em um mar de idas ao mercado, convites de casamento e outras obrigações típicas de uma pessoa que nunca tem tempo o suficiente.

A história de Nancy não é única. Acontece o tempo todo. Você faz uma lista de coisas para fazer e, então, a vida interfere. Você tem a melhor das intenções, mas nunca tem tempo suficiente. O trabalho é uma loucura. Tem treino de futebol das crianças. Seu casamento passa por um período conturbado. Às vezes, as coisas que esquecemos de fazer são pequenas, como desejar feliz aniversário a um amigo. Às vezes elas são grandes, como esquecer de visitá-los no hospital quando estão doentes.

Uma quantidade esmagadora de pesquisas mostra que a maioria das pessoas se arrepende das coisas que não fizeram, mais do que das coisas que fizeram. Por exemplo, estudos de pacientes em asilos comprovam que, acima de tudo, eles se arrependem de não terem sido mais amáveis com aqueles que mais importavam. Eles se lembram de todas as vezes que perderam pequenas oportunidades de expressar seu amor porque receberam uma ligação, porque estavam cansados, por causa de um milhão de coisas que pareciam mais importantes na época.

Eu sou um amante da música. Adoro ouvir Billy Joel, Journey e os Eagles enquanto dirijo. Porém, há uma música que eu amo por um motivo diferente. É a "Cat's in the Cradle", de Harry Chapin. Nenhuma música tem tanta influência em mim. É uma história de partir o coração sobre um pai que nunca tinha tempo suficiente para seu filho. O menino dá os primeiros passos quando ele está fora à trabalho. Em seguida, o pai está muito ocupado para brincar de bola, quando o menino tem 10 anos. Ele sempre trabalha até tarde em vez de voltar para casa cedo. O verso recorrente da música tem o filho dizendo "Eu serei como você, pai, saiba que eu serei como você". Então, quando o pai está velho e finalmente tem tempo para a família, seu filho já cresceu e tem suas próprias demandas no trabalho e várias obrigações. Ele não tem tempo de ver o pai. "Ele cresceu igual a mim", o pai lamenta, à medida que a música termina. "Meu menino é exatamente como eu fui."

Eu choro toda a vez que ouço essa música. Sempre que Tate quer jogar bola, ou dar umas tacadas de hóquei, eu paro o que estou fazendo e brinco com ele do lado de fora. Estou determinado a ser tão bom quanto meu pai foi para mim. Quando chegava em casa da escola, todos os dias, meu pai estava lá. Ele nunca perdeu um jogo de futebol americano, um evento dos escoteiros, ou um musical da escola. Ele nunca perdeu um jantar de família. Eu queria, desesperadamente, que Tate fosse capaz de se lembrar das mesmas coisas sobre mim um dia.

Eu também penso sobre a esposa do pastor quando escuto a música "Cat's in the Cradle". Penso sobre as pequenas coisas que dizemos que vamos fazer pelo próximo e em como essas promessas são esmigalhadas sob o peso da vida cotidiana. Você pode ter todas as intenções do mundo de ser uma influência positiva para aqueles ao seu redor. Você pode fazer planos e escrever listas, mas elas não valem de nada, a não ser que você converta essas palavras em ações. A menos que você cumpra com as suas palavras e com as promessas que faz com elas.

Para mim o epítome de um lugar que não pode cumprir o que diz é uma concessionária. O vendedor te promete um preço quando está mostrando o carro mas, assim que você chega na mesa para assinar a compra, ele adiciona taxa de destino, taxa de documentos, taxa de transição, taxa de financiamento — milhares de dólares a mais do que você pensou que pagaria. Quando comprei meu carro, alguns anos atrás, o vendedor prometeu que me enviaria um suéter de golfe similar ao que gostei, ao vê-lo usando. Porém, assim que assinei na linha pontilhada, ele nunca mais deu notícias. Não cumpriu com sua palavra. Essa única experiência foi o suficiente para que eu jurasse que nunca compraria um carro daquela concessionária outra vez.

Eu sei que é apenas um suéter de golfe. Eu provavelmente o vestiria só duas vezes. Contudo, o vendedor quebrou uma promessa e, como pesquisadores da London School of Economics descobriram, quebrar promessas é realmente ruim para os negócios. Após observar centenas de funcionários da área médica, os pesquisadores descobriram que,

O Dom da Influência

quando um funcionário percebe que seu empregador não cumpriu com a palavra — seja uma promessa de aumento, uma promoção, ou um bônus —, aquele funcionário pode, no subconsciente, "exibir comportamentos negativos em relação a outras pessoas inocentes, tais como colegas de trabalho e clientes". Em outras palavras, a influência negativa de uma simples promessa quebrada é tão tóxica que somos capazes de "revidar" nos colegas e clientes e piorar ainda mais a situação.

Contudo, a influência positiva de cumprir sua promessa pode ser tão poderosa quanto. Quando me mudei para Denver, em 1999, conheci um cara chamado Ed Larkin. Ele tinha ingressos de temporada para o Colorado Avalanche e se ofereceu para me vender a entrada para alguns jogos. Os preços subiam e desciam, dependendo da programação, e Ed prometeu me enviar um cheque, ao final da temporada, por cada valor que eu paguei a mais. Bem, no mês de abril seguinte, um envelope chegou na minha caixa de correios, vindo do Ed. Dentro, havia um cheque de US$0,23 — menos do que custava o selo! Ed havia me dado a sua palavra de me pagar de volta qualquer valor, e ele cumpriu. Duas décadas depois, sempre que eu faço uma promessa a alguém, penso em Ed e sua influência duradoura com seu cheque de US$0,23.

Você não tem que exagerar com essa coisa de cumprir com as suas palavras. "Apenas cumpra suas promessas: Ir além não compensa", concluiu um estudo da Universidade da Califórnia, em San Diego. Em uma série de experimentos explorando quebra de promessas, promessas cumpridas e promessas excedidas, os pesquisadores descobriram que, enquanto as pessoas reagiam negativamente a promessas quebradas, o efeito de exceder uma promessa não era quase nada. Por exemplo, se você for enviar flores para sua mãe no Dia das Mães, é melhor enviar um simples buquê de rosas que chegue a tempo, do que um buquê exagerado que chegue atrasado. "Quando você cumpre uma promessa, você não apenas fez algo bom para uma pessoa, como também cumpriu um contrato social e mostrou que é confiável e uma pessoa fidedigna", explicaram os pesquisadores. "Invista em manter as promessas, não se exceda."

Os maiores influenciadores que conheço estão sempre se esforçando para em manter suas promessas. Quando meu querido amigo Frank DeAngelis faz promessas a alguém, por exemplo, ele as faz para a vida. Ele foi diretor da Columbine High School quando dois estudantes invadiram os corredores da escola com armas e praticaram o que foi, então, o tiroteio escolar mais mortal na história dos Estados Unidos. Após o massacre, Frank jurou ajudar os alunos que sobreviveram a construir e forjar uma nova identidade para a escola, adiando sua aposentadoria até que os alunos que estavam no jardim de infância na época do massacre se formassem no ensino médio. Eu tive a felicidade de estar presente na cerimônia de aposentadoria de Frank, depois daquela última turma se formar. Centenas de pessoas estavam presentes, cada uma delas segurando apertado um maço de cartas escritas à mão por Frank, ao longo dos anos. Cartões de Natal, de aniversários, de agradecimento, de condolências — todos, desde pais até estudantes, secretários a treinadores tinham uma história sobre como Frank tocou suas vidas.

Mas Frank cumpre seus juramentos mesmo quando os olhos do mundo se viram para outro lugar. Cerca de sete anos atrás, Frank e eu estávamos no nosso café da manhã anual de negócios do Book-n-Benefit, no qual Frank atua como presidente honorário. O palestrante, o renomado educador e coach de negócios, Dr. Marshall Goldsmith, desafiou a audiência a fazer um comprometimento de servir algo ou a alguém que não fosse a si mesmo — e para permanecermos dedicados àquela promessa para o resto de nossas vidas. Eu me comprometi a rezar o rosário todas as manhãs. Frank se virou para mim e disse:

— Tommy, eu vou te dizer todas as manhãs o quanto eu te amo.

Após algumas semanas, a vida atrapalhou e a minha reza se tornou mais uma coisa semanal e, então, em ocasiões especiais. À medida que escrevo este livro, fazem 2.753 dias desde que Frank fez sua promessa para mim. Em cada um desses dias ele me mandou uma mensagem para me dizer como sou importante para ele, o quanto ele me ama e me aprecia. Quando ele sabe que estou passando por um período difícil, ele me manda frases inspiracionais ou versos bíblicos para me ajudar a permanecer positivo. Nesses mais de sete anos, eu tive meus altos e baixos, mas uma constante por todo esse tempo tem sido as mensagens diárias de Frank dizendo que me ama. (Acho que Frank diz que me ama mais do que ele diz à sua esposa!) Não consigo colocar em palavras como esse investimento diário tem significado para mim.

Cumprir com a sua palavra vai muito além de simplesmente manter suas promessas. Também significa assumir responsabilidades quando ninguém mais assume. Sempre que eu acerto um buraco com meu carro, eu penso com raiva: "Cara, alguém deve fazer algo sobre isso." Quando eu passo por uma pessoa em situação de rua, eu penso: "Alguém deve ajudá-lo." Quando vejo um monte de lixo na praia, eu penso: "Alguém deveria limpar isso." Na maioria das vezes o problema é de outra pessoa — não meu. Há uma razão pela qual nós proferimos essa frase tantas vezes: não queremos ser esse alguém. Quando dizemos "Eu devo fazer algo a respeito", de repente estamos em uma posição de responsabilidade. Somos desafiados a cumprir com as nossas palavras.

Meu amigo Russ Jefferies nunca diz, "Alguém deve". Se encontrasse Russ, você veria um cara normal com a cabeça raspada e a barba bem-feita. Quando você pergunta com o que ele trabalha, ele simplesmente responde, "Eu sou o cara da climatização". Conheça-o um pouco mais e ele irá arregaçar as mangas para revelar tatuagens ornadas espiralando desde seu pulso até as costas. A atenção de Russ aos detalhes é lendária. Quando termina um reparo, ele usa cera — daquelas que você usa para proteger o interior do seu carro — no exterior do compressor, nas caldeiras de calefação e nos canos para que tenham um acabamento bonito. Se você já teve que lidar com um serviço de climatização, sabe como é difícil fazer com que eles apareçam na data combinada, que dirá fazer um acabamento na sua caldeira. Antes de conhecer Russ, o cara que cuidava do meu ar-condicionado me dava um intervalo de 12 horas para marcar e eu tinha sorte se ele aparecesse. Russ não é assim. Ele e seus técnicos aparecem no horário marcado.

Entretanto, essas não são as promessas que importam para Russ. Há alguns anos, uma família que eu conheço morreu enquanto dormiam porque a casa que alugavam em Aspen, no Colorado, teve um vazamento de monóxido de carbono. Foi uma tragédia terrível que fez com que eu me preocupasse que, talvez, eu não estivesse mantendo minha família em segurança. Quando contei a Russ sobre isso, ele deixou o que estava fazendo e veio correndo conferir a minha casa para ver se havia algum vazamento, extintores de incêndio fora do prazo de validade e detectores de fumaça e de monóxido de carbono com defeito. Isso levou toda uma tarde. Quando terminou, tendo encontrando vários problemas potencialmente perigosos, eu mencionei como era alarmante que as pessoas vivam com equipamentos de segurança quebrados sem perceber, muitas que não poderiam pagar a alguém como Russ para fazer uma checagem.

— Você tem razão, Tommy — concordou Russ. — Eu devo fazer algo sobre isso.

Alguns meses depois, Russ fundou o Code Red Heart, uma organização comprometida a trazer conscencialização dos perigos caseiros escondidos causados por gases tóxicos. Junto a voluntários, Russ faz avaliações completas de casas, instala detectores de monóxido de carbono e de fumaça, troca extintores de incêndio e procura por vazamentos de gás — tudo livre de cobrança para veteranos, pessoas com deficiência e qualquer um que precisa de assistência especial. Para Russ, o trabalho é pessoal. Em 2016, ele foi diagnosticado com esclerose múltipla, uma doença imprevisível que atrapalha o fluxo de informação entre o cérebro e o corpo. Durante ataques de esclerose múltipla, a pessoa pode perder o equilíbrio, a coordenação, a visão e a memória, dentre outros problemas que tornam viver sozinho algo extremamente perigoso. Para pessoas com condições como esta, um sistema de ventilação que funciona adequadamente pode significar a diferença entre vida e morte.

Russ sacrifica muito de seu tempo garantindo que os residentes mais necessitados de Denver estejam seguros em suas casas. Apesar dele ter menos tempo na semana para dedicar à sua empresa de fins lucrativos, que ainda cresce exponencialmente. A simples razão disso é que os clientes veem o sacrifício que ele está fazendo a cada dia e dizem: "Eu quero aquele cara trabalhando na minha casa." Quando a associação que gere o condomínio onde fica meu escritório, no centro da cidade, precisou contratar uma empresa para cuidar das centenas de unidades de climatização, eles escolheram Russ sem questionar.

Se você percebe que a vida está interferindo nos seus compromissos, leia uma folha do guia de influenciador do meu amigo Scott Lynn. Sempre que preciso de conselho ou mentoria, Scott está disponível para mim. Ele me ensinou mais sobre negócios do que qualquer livro didático ou diploma de MBA. Toda vez que almoçamos, Scott traz consigo um pequeno caderno anotações preto. Nele, escreve cada promessa que faz às pessoas, seja de apresentá-las a alguém, contribuir para o programa de bolsas da National Leadership Academy, ou me

O Dom da Influência

mandar uma cópia do livro que está lendo. Ele escreve cada promessa, não importa quão pequenas sejam. Eu conheço Scott há mais de duas décadas e ele nunca falhou em fazer o que diz. Nenhuma vez.

As promessas mais importantes são aquelas que fazemos para pessoas em sofrimento. Pense em quantas vezes você disse ou ouviu a frase: "Estou aqui por você. Diga-me se precisar de alguma coisa."

Eu odeio, odeio, odeio essa frase. Todos nós já dissemos isso, claro. Até eu mesmo me pego dizendo isso de vez em quando. Desde jovens somos inculcados com a polidez. Fique na sua. Peça permissão. Não se intrometa. Pergunte o que pode fazer para ajudar. Contudo, pense sobre o que você está de fato dizendo a uma pessoa que está sofrendo quando diz: "Deixe-me saber se precisar de algo." Além dos problemas reais dela, você está pedindo para que ela se preocupe com o que você estaria disposto ou não a fazer. Na verdade, o que você está realmente dizendo é: "Eu não quero te ajudar de verdade, mas vou ser educado e dizer o que as pessoas devem dizer."

Em vez de prometer coisas vagas e ajuda não específica, influenciadores se apropriam dessas palavras e agem. Meu amigo Lee é esse tipo de pessoa. Eu o encontrei há alguns anos, quando Jill e eu nos mudamos para nossa casa, em Denver, e precisamos de um eletricista. Toda vez que Lee vinha consertar a fiação ou trocar alguma iluminação, eu aprendia um pouco mais sobre sua história. Lee é um dos cristãos mais decentes que já conheci, mas eu descobri que não foi sempre desta forma. Quando jovem, ele só queria saber de festas e garotas, mas, aos 21 anos de idade, Lee convidou Deus para entrar em seu coração e jurou que nunca mais beberia. Casado há 27 anos com sua esposa, Damon e com cinco filhos, Lee se tornou uma das pessoas que eu amo e admiro.

Ele também diz "Eu devo ajudar" quando vê outra pessoa com dificuldades. Quando a pandemia do coronavírus nos atingiu, eu estava, de fato, sem trabalho, como milhões de outras pessoas. Não havia muito trabalho para pessoas que dão palestras para auditórios lotados. Fui forçado a dispensar meus funcionários e tive um sério problema de fluxo de caixa quando tive que reembolsar muitos depósitos de clientes. Numa manhã, eu recebi um telefonema de Lee.

— Tommy — disse ele —, eu só queria verificar como você está. Eu sei que a pandemia atrapalhou seus negócios. Você teve um grande impacto na minha vida e na vida dos meus filhos. Minha empresa cresceu e meus negócios estão indo às alturas agora que as pessoas trabalham de casa. Eu gostaria de fazer um depósito para meu filho e eu comparecermos a um de seus retiros do Heart-Led Leaders — independente de quando for acontecer. E eu gostaria de fazer uma doação separada para a National Leadership Academy.

Eu estava espantado. Durante a pandemia a maioria das pessoas estavam vivendo com medo, pedindo por reembolsos e guardando dinheiro. Lee, por outro lado, estava escrevendo cheques e doando para causas de caridade.

Reflita sobre alguns dos momentos mais difíceis da sua vida. Você foi influenciado pelas pessoas que se ofereceram para fazer algo por você? Ou você foi influenciado por aqueles que de fato fizeram algo por você? Seu estádio não vai se encher de pessoas que se lembram das promessas feitas. Ele se encherá de pessoas que se lembram das promessas que você cumpriu. Como minha esposa diz, "Fazer o que você diz é mais importante do que dizer o que você faz!"

Aqui vai meu desafio para você, da próxima vez que falar com alguém que está passando por um momento difícil. Em vez que dizer "Se há algo que eu possa fazer", diga "Eu gostaria de fazer isso por você". Se isso for fazer as compras para um amigo doente, você diz: "Eu vou fazer umas compras hoje. Do que você precisa e quando posso levar para você?" Se for visitar um amigo de luto, diga: "Se estiver tudo bem para você, eu gostaria de passar aí e te dar um abraço. Quando é um bom momento?" Se for alguém que foi mãe recentemente e está exausta, diga: "Eu gostaria de levar um pacote de fraldas e cuidar do bebê para você poder descansar um pouco. Quando devo ir?" Seja específico. Seja direto. E da próxima vez que estiver passando por um período difícil, se alguém te disser, "Deixe-me saber se posso fazer algo", deixe-o saber o que podem fazer. Não tenha medo de pedir ajuda. Você está honrando essa pessoa ao aceitar a ajuda, e isso certamente levará seu relacionamento a outro nível.

Até agora, discutimos o poder de cumprir com as suas palavras com relação às promessas. Contudo, há uma segunda forma de cumprir com as palavras que envolve bem mais do que simplesmente fazer o que se diz. Assumir a responsabilidade pelas suas palavras também significa ser cuidadoso com as palavras específicas que usa ao falar com os outros. Em média, dizemos cerca de 16 mil palavras por dia, a maioria delas sem pensar. Você consegue, honestamente, se lembrar de qualquer palavra que disse ontem? Você está influenciando pessoas diariamente com suas palavras, sem perceber. Palavras podem animar os outros ou destruí-los — às vezes para toda a vida. Aprendi isso da maneira difícil, ao ponto de minha esposa dizer: "Tommy, suas palavras o tornaram bem-sucedido, mas elas também o colocaram em muitos problemas."

Ela está certa: Eu tenho aquele clássico temperamento italiano esquentado. No calor do momento eu, às vezes, digo coisas das quais me arrependo — palavras que levam muito tempo para curar. Há alguns anos, eu cheguei em casa após um longo e implacável período de viagens: vinte cidades ao redor do mundo durante três semanas. Naquela noite nós nos sentamos para jantar e Jill perguntou se eu poderia cuidar de algumas coisas na casa que eu havia prometido resolver no mês anterior. Seu tom de voz não foi hostil ou acusador, mas ainda assim eu explodi: "Eu acabei de chegar de uma grande e exaustiva viagem a trabalho. O que você fez no mês que passou?" A insinuação era que Jill, uma professora que sacrificou sua carreira para cuidar dos nossos filhos, não estava se esforçando. Por todo aquele tempo, ela cuidou da casa sozinha — preparou três crianças para treinos de hockey, ensaios do coral e dezenas de outras atividades extraescolares, limpou a casa sozinha, lavou a roupa e quase não dormiu — e eu sugeri que ela era folgada. Foi uma das piores coisas que eu já disse. Não importa o quanto eu queira desfazer aquelas palavras, não importa o quão errado estivesse, sou responsável por elas.

De alguma forma, Jill me perdoou. Isso é o que a torna tão especial. A verdade é que eu gostaria de ser mais como ela. Quando alguém diz algo maldoso para mim, meu impulso é cortá-los da minha vida. Palavras negativas queimam no meu cérebro. Eu as cozinho. Eu as uso de combustível para motivação. Quase todos os dias eu penso sobre minha professora de datilografia no ensino médio, a Sra. Dizzini, que me disse eu nunca iria para a faculdade porque era "estúpido". Ela se responsabilizou por aquelas palavras, apesar de eu ter certeza de que ela se arrependeu depois. Jill teria ignorado aquelas palavras. Ela teria dado à Srta. Dizzini o benefício da dúvida, pensando que, talvez, ela estivesse tendo um dia ruim. Esse tipo de resiliência emocional é o superpoder de Jill, mas eu não sou tão forte.

Quando era mais novo, meu herói era meu vizinho, Jimmy. Ele era bonito, carismático e atlético — um sucesso total. Eu imitava tudo que ele fazia. Até fui para a mesma universidade que ele. Há algum tempo, ele passou por um divórcio. Eu o ligava quase todos os dias enquanto ele passava por um dos períodos mais humilhante de sua vida e nós nos aproximamos à medida que ele se curava. Posteriormente, Jimmy se apaixonou e se casou com uma mulher maravilhosa, Mallory, e nós a abraçamos como um membro da família. Até que um dia, Jimmy me mandou uma mensagem: Mallory e ele estavam visitando Denver e queriam jantar em nossa casa. Jill e eu inicialmente concordamos, porém, Jimmy perguntou se seu sogro e sogra poderiam vir também.

Conversei com Jill. Eu estava em casa a três dias, após ter viajado por um mês. Estávamos os dois exaustos. Essa era a chance da nossa família se recarregar e passar algum tempo de qualidade juntos antes de eu voltar à estrada. Estaríamos felizes em receber Jimmy e Mallory para um jantar casual, mas não estávamos dispostos a preparar uma reunião formal com seu sogro e sogra. Expliquei a situação para Jimmy por mensagem e pedi para deixar para a próxima vez. Para a minha surpresa, eu fui terrivelmente ofendido. Ele me enviou algumas das mensagens mais nocivas que já recebi. Estava espantado, estava em choque, estava triste. Em poucos minutos, um dos relacionamentos mais importantes da minha vida foi destruído com poucas palavras devastadoras. Eu perdoei Jimmy, mas suas palavras dolorosas jamais irão embora.

Qual foi aquela palavra que, sozinha, te influenciou profundamente? Essa palavra o encheu de esperança — ou de dor? Para mim, essa única palavra foi "estúpido". Nenhuma outra me causou mais dor. Ela esmagou minha confiança por anos, apesar de também ter

O Dom da Influência

me motivado a trabalhar mais duro do que todos ao meu redor. Eu ainda tenho calafrios toda vez que a escuto.

Após ouvir palavras como aquela por vezes o suficiente, podemos deixar que elas nos definam. E, às vezes, elas começam a nos dominar. Meu amigo, Curtis Zimmerman, as chama de nossos "roteiros": pensamentos e crenças poderosos que afetam a forma com que nos comportamos desde jovens. Elas criam respostas automáticas e presunções do tipo, "Eu sou muito velho..." ou "Não sou bom o suficiente para..." ou "Eu nunca terei um relacionamento como esse..." Roteiros desse tipo são o que nos impedem de tentar coisas novas ou desafiadoras. Tão importantes quanto, elas nos impedem de fazer e cumprir promessas, "Eu nunca terei tempo para...", "Não sou forte o suficiente...", "Não sou bondoso o suficiente..."

Por anos, Curtis seguiu um roteiro difícil. Ele veio de uma família problemática. Sua mãe se casou seis vezes. Ele se mudou 37. Ele cresceu com uma dislexia severa — a dele é ainda pior que a minha. Durante a maior parte da infância, ele teve problemas de saúde que o faziam ir com frequência para o hospital. O roteiro de Curtis não era bom. E ele o seguiu até que, aos 11 anos de idade, ele encontrou Tommy. Não, não eu — esse Tommy era um mímico profissional. O melhor de Los Angeles. Curtis o viu performar uma vez no shopping. Ele ficou instantaneamente vislumbrado. Curtis praticou mímica por semanas e semanas, até que criou coragem de mostrar sua rotina de robô para Tommy.

— Você é muito bom — disse Tommy. — Por que não volta aqui amanhã? — isso mudou o roteiro de Curtis instantaneamente e para sempre. Daquele momento em diante, Curtis se tornou um artista. Pelos próximos trinta anos, ele viajou o mundo trabalhando como mímico e malabarista, antes de entrar no ramo de palestra motivacional. Todos os anos desde a década passada, Curtis palestra na National Leadership Academy. Então, acredite quando eu digo que alunos de ensino médio têm o melhor detector de mentiras do mundo. Se você subir em um palco e não for autêntico, se o que você estiver dizendo for falso, essas crianças detectarão mais rápido do que podem falar seu nome. Com Curtis, o que cativa a plateia não é apenas o malabarismo e cuspir fogo ou outros truques, ele tem a rara habilidade de comandar um palco no momento que sobe nele. Mais do que qualquer outro palestrante que encontrei, suas belas palavras permanecem na nossa mente.

Como Curtis sempre diz, "palavras não têm que destruir as pessoas. Se escolhê-las cuidadosamente, se tomar posse do poder que elas possuem, você pode ajudar a reescrever o roteiro de outra pessoa". Quando o ouvi dizer isso pela primeira vez, eu imediatamente pensei em 18 de outubro de 1986 — o dia em que minha vida mudou para sempre. O time de futebol americano da minha escola, Suffern, estava jogando contra nosso arquirrival, Clarkstown North. Estávamos perdendo por dois pontos, era a quarta descida e a bola estava na linha de jarda número 20 do Clarkstown, com 29 segundos para o fim do jogo. Nosso técnico, Bob Veltidi, tinha duas opções: fazer a nossa estrela, o quarterback, seguir uma rota de passe do canto da zona final, ou fazer com que o placekicker júnior, que nunca tentou um gol em toda a sua carreira, tentasse um chute de 37 jardas. Aquele placekicker era eu, e o treinador Veltidi não vacilou nem por um segundo.

Alguns momentos depois, eu me vi sozinho no campo, olhando para os postes do gol. Eu nunca havia praticado um gol tão distante. Assim que ganhei confiança, o treinador do Clarkstown pediu tempo para me desestabilizar antes que pudéssemos interceptar a bola. Agora eu tinha mais 60 segundos para visualizar todas as maneiras com as quais eu poderia falhar. A bola vai muito para a esquerda. Ou muito para a direita. Bate fora da vertical. Ela cai a cinco jardas antes. Ou pior... Eu erro completamente o chute.

Enquanto viver, jamais esquecerei aqueles próximos 60 segundos. O técnico Veltidi caminhou para dentro do campo e me encontrou na linha da jarda 26. Ele segurou meu capacete e então sussurrou no meu ouvido: "Eu acredito em você, Tommy. E você fazendo o ponto ou não, eu vou te amar". Então, ele caminhou calmamente para a lateral do campo e o relógio voltou a rolar.

De repente, o poste parecia bem mais perto e as estacas mais baixas. Não importava o quê, eu era amado. Um segundo depois, o center pegou a bola. O holder virou o lado do laço. Eu dei quatro passos para trás e chutei a bola, bem como fiz milhares de vezes nos treinos.

— O chute é bom! O chute é bom! Spaulding acabou de chutar entre os postes — gritou o narrador. — Suffern vence por um ponto!

Aquele momento aconteceu a mais de 35 anos atrás, e eu penso nele quase todos os dias. Eu também pensei sobre isso em 27 de dezembro de 2021, quando ouvi que o técnico Veltidi havia falecido na idade de 74 anos. Com aquelas simples palavras — "Eu acredito em você, Tommy" — ele mudou meu roteiro. Ele me ajudou a ver algo em mim mesmo que eu não sabia que existia e estarei para sempre em dívida com ele.

Quando ouço a palestra de Curtis, eu também penso em outro dia: 6 de novembro de 1975. Eu só tinha 6 anos de idade. Após terem a mim e a minha irmã Lisa, meus pais decidiram adotar uma bebê, de 8 meses de idade, da Coreia do Sul. Era uma coisa corajosa e bela de se fazer em uma época em que adoção não era aceita como é hoje.

Numa manhã, minha mãe disse:

— Tommy, nós vamos até o aeroporto para buscar sua irmãzinha!

— Que ótimo! — falei. — É assim que os bebês são feitos?

— Sim, Tommy — respondeu ela, segurando a risada. — Você faz um pedido e os busca no aeroporto!

Chegamos ao Aeroporto John F. Kennedy e — isso nos anos 1970 — caminhamos até o portão de desembarque. Estávamos cercados por outras famílias, todos esperando pelo jato jumbo 747 vindo de Seul. Finalmente, o portão abriu e três comissárias de bordo saíram carregando três bebês, cada um com uma tira no pulso combinando com suas novas famílias. Quando a comissária entregou minha irmã Michele aos meus pais, todos nós choramos. Foi a coisa mais bonita que eu já vi.

Então, por alguma razão, eu decidi marchar até o balcão da bilheteria e pegar o intercomunicador. Os autofalantes emitiram um som estático e, então, todas as famílias e enfermeiras e pessoas que passavam olharam para cima para ouvir meu anúncio:

— Oi, pessoal, meu nome é Tommy Spaulding — falei, confiante, com minha fina voz de criança. — Eu vi todos os bebês e gostaria que vocês soubessem que minha família… ficou com o melhor!

Meus pais amam contar essa história. Michele deve tê-la ouvido uma centena de vezes. "Ficamos com o melhor". Desde o dia em que ela veio para os Estados Unidos e se juntou à nossa família, aquele foi o roteiro de Michele. Aquelas palavras tiveram um grande impacto em seu desenvolvimento e confiança. Até hoje, sempre que me despeço da minha irmã, eu sussurro: "Ficamos com a melhor."

Marco Aurélio, o imperador romano que reinou de 161 até 180 d.C., e um dos maiores líderes e filósofos que já viveu, disse uma vez: "Execute cada ato da sua vida como se ele fosse seu último." Gosto de pensar que os melhores influenciadores vão além: Eles dizem cada palavra como se fosse a última.

Lembre-se de que palavras são algo poderoso. Use-as com responsabilidade.

INICIE UMA SEQUÊNCIA DE INFLUÊNCIA

Um dos meus lugares favoritos no mundo é o Monument Park, no Yankee Stadium. Lá, está uma coleção de estátuas, placas e números daqueles que se aposentaram, honrando os melhores New York Yankees de todos os tempos. Minha placa favorita é em homenagem à Lou Gehrig, que tinha o apelido de The Iron Horse (o Cavalo de Ferro, em português). Ele jogou como primeira-base para os Yankees, de 1923 até 1939, quando foi prejudicado por uma doença misteriosa chamada esclerose lateral amiotrófica. Mais tarde, a doença, apelidada de doença de Lou Gherig, tirou a vida do grande Yankee em apenas dois anos. Quando o Iron Horse, adoecido, se aposentou dos campos, em 1939, ele havia jogado incríveis 2.130 jogos consecutivos. A placa em sua homenagem no Monument Park diz, HENRY LOUIS GHERIG: UM HOMEM, UM CAVALHEIRO E UM GRANDE JOGADOR CUJO INCRÍVEL RECORDE DE 2.130 JOGOS CONSECUTIVOS DEVERIA EXISTIR PARA SEMPRE.

De fato, por décadas e décadas, as pessoas pensaram que aquele recorde permaneceria para sempre. Beisebol é um esporte difícil. O corpo falha quando você joga nove entradas dia sim, dia não. Contudo, 56 anos após Gherig jogar seu último jogo, o recorde foi quebrado por um jogador interbases chamado Cal Ripken Jr. Por 2.632 jogos seguidos, Cal amarrou as chuteiras e foi ao trabalho. Ele ia quando estava doente, quando seu joelho doía, quando qualquer outro dormiria até mais tarde. Nesses 2.632 jogos, Cal não foi sempre o melhor jogador em campo. Às vezes ele marcava 0–4 ou cometia um erro.

O Dom da Influência

Mas ele sempre aparecia para trabalhar, era sempre confiável, e é por isso que ele é considerado um dos melhores de todos os tempos.

Sequências não são exclusivas do baseball. Todos os dias alguém está contando com você para simplesmente comparecer, mesmo que não esteja no seu melhor. Como o próprio Cal escreveu, "Você cuida dos filhos, constrói uma empresa ou está presente para seus amigos: se simplesmente continuar comparecendo, mesmo que não estabeleça um recorde, você se destaca — porque as pessoas contam com você. Apenas apareça."

Quando pensamos sobre isso, comparecer nem sempre significa estabelecer um recorde na Major League Baseball, ou fazer um grande investimento em alguém. Com muita frequência, pode parecer que se está fazendo o mínimo: Ter um histórico de presença decente para conseguir se formar no ensino médio, comparecer a casamentos e funerais, ir ao trabalho quando não estiver se sentindo bem porque sua equipe precisa de você. Em suma, se você não estiver presente na vida dos outros, como pode esperar ter uma influência positiva neles?

Eu decidi há muito tempo que eu me tornaria o Cal Ripken Jr. quando se trata de estar presente para meus amigos e familiares que estão passando por um momento difícil. Eu queria que essa sequência se tornasse meu legado. Quando meu melhor amigo do ensino médio, Corey, se divorciou, há alguns anos, eu liguei para ele todos os dias por um ano. Eu disse a ele que ele era um bom homem e que superaria isso. Às vezes falávamos sobre o divórcio, às vezes não. Às vezes Corey precisava extravasar sua raiva e às vezes ele falava sobre possibilidades futuras. Às vezes tínhamos conversas profundas, às vezes falávamos de futebol. Eu aprendi muito sobre o processo de cura durante nossas ligações diárias. Não existe mágica quando se trata de fazer alguém se sentir melhor. Requer tempo e presença constante e é disso que se trata comparecer. Não são sempre as palavras que importam, mas a consistência dessas palavras.

Quando você comparece, é a sua presença que importa acima de tudo. Simplesmente estar presente, mesmo que através de uma ligação, pode transmitir uma grande influência, em especial durante tempos difíceis. Alguns verões atrás, meu amigo Scot perdeu seu filho adolescente, Teddy, para o suicídio. Ele tinha sido vítima de um horrendo cyberbullying. Scot não tinha ideia do tamanho da dor de seu filho, até que foi tarde demais. Eu conhecia Teddy. Ele era uma criança incrível, com um ótimo coração. Scot ficou em choque por meses após a morte de Teddy, e seus amigos tiveram dificuldade de se mostrar presentes para ele. O que se poderia possivelmente dizer para alguém que acabou de perder um filho? Eu também não tinha ideia, mas liguei para ele mesmo assim e disse que o amava. Mandei mensagens todos os dias. E acima de tudo, permaneci presente na vida de Scot. Após alguns meses, ele me mandou uma nota escrita à mão que dizia simplesmente: "Obrigado por estar presente, Tommy. Eu também te amo."

Se alguma vez você passou por um período difícil, então sabe como isso pode ser solitário, como se você estivesse em uma caverna escura e não pudesse ver a saída. Contudo, toda vez que alguém se faz presente por você, uma pequena luz aparece e você consegue ver um pouco melhor. Se eles aparecerem de novo e de novo, a caverna fica mais iluminada e menos assustadora. Em pouco tempo, o caminho está totalmente iluminado. Fazer-se presente para alguém dessa forma — acendendo uma pequena luz por vez — requer uma sequência de pequenas atitudes, uma após a outra. E mais importante, como qualquer sequência, isso significa ser 100% consistente. Caso decida se fazer presente para alguém que está passando por um período difícil, escolha um intervalo, seja uma vez por dia ou por semana e atenha-se a isso. Marque no seu calendário se precisar.

Aqui está um exemplo do que quero dizer. Sou amigo de um maravilhoso casal de Fairfield, no Iowa, chamados Lori e Nate. Alguns anos atrás, Lori, a CEO de uma empresa de fabricação de plásticos, me contratou para das uma palestra na Iowa Association of Business & Industry. Nos tornamos amigos rapidamente após ela comparecer ao meu retiro de liderança, e eu rapidamente me afeiçoei por Nate, o técnico principal do time de futebol americano de uma escola de ensino médio local. Lori e Nate são como co-prefeitos de sua própria cidadezinha, constantemente contribuindo para sua comunidade e apoiando caridades locais.

Pouco antes do fim de semana do Dia Memorial, em 2018, Lori tinha sido diagnosticada com câncer de mama. A cidade inteira se mobilizou por ela, mas as sessões de quimioterapia semanais eram desgastantes. Ela tinha que acordar toda segunda-feira às seis da manhã e dirigir por 2 horas para Des Moines para suas sessões. Ela perdeu o cabelo e isso tirou cada gota de sua energia de sair de casa todos os dias, que dirá comandar uma grande empresa.

Toda segunda-feira de manhã, por doze semanas, eu liguei para ela, às 7 horas da manhã, quando ela estava a caminho da sua sessão semanal de quimio. Mesmo quando não estava me sentindo bem, ou queria dormir até mais tarde, eu mantive minha sequência, pois sabia que Lori esperava por aquela ligação, por aquela próxima luz se acendendo dentro da sua caverna. Falávamos sobre seus filhos, seu trabalho, os jogos de futebol de seu marido — tudo para manter sua cabeça longe do câncer. Felizmente, o tratamento funcionou e Lori agora está livre do câncer. Porém, em uma cruel reviravolta do destino, Nate foi diagnosticado com câncer nos testículos, pouco depois de Lori terminar seu tratamento. Então, eu liguei para Nate toda segunda-feira de manhã, às 7 horas, enquanto ele se dirigia até Des Moines. Quando palestrei na empresa de Lori, há pouco tempo, ela me apresentou aos seus funcionários, não como um especialista em liderança ou autor best-seller, mas como um amigo que ligava para ela e para Nate toda segunda-feira de manhã durante um dos períodos mais obscuros de suas vidas. Por fim, não é apenas sobre pessoas passando por períodos difíceis e que precisam que você esteja presente por elas. Meus parentes, Doug e Susan Stanton, dominam esse conceito melhor que qualquer um que conheço.

Um dos meus maiores arrependimentos de estar na estrada tantas vezes ao ano é que não posso ver cada um dos eventos de Anthony, Tate e Caroline. Uma coisa que todos os meus filhos têm em comum é que eles amam quando a família torce por eles. Eu moveria céus e terra para ver Tate ou Anthony jogar hóquei, ou ver Caroline dominado o campo no seu hóquei sobre a grama, mas às vezes simplesmente não é possível. Então, no começo do ano escolar, Doug e Susan pedem o calendário de nossos filhos. Eles marcam cada jogo de hóquei e basquete. Cada musical escolar. Cada recital de dança. Então eles comparecem — toda vez. Como Cal Ripken Jr., eles têm fama de nunca perder um jogo. A influência que eles transmitem aos meus filhos não é um conselho que muda vidas. Em vez disso, com suas ações simples, Doug e Susan estão dizendo aos meus filhos que eles são importantes. Que são amados. Aquela família sempre estará disponível para eles. Doug e Susan entendem que, em muitos dos momentos mais importantes da vida, sua presença é o maior presente que você pode oferecer.

Qual a sua sequência? Quais são as pessoas para quais você se faz presente sempre? Quando você investe nas vidas dos outros ao se fazer presente — toda vez, não importa como —, seu legado se tornará tão importante quanto o de Cal Ripken.

SEJA UM INVESTIDOR-ANJO

Uma das figuras mais influentes da minha vida é um cara que encontrei por apenas alguns minutos. Foi em 2005, quando eu ainda era CEO da organização sem fins lucrativos, Up with People. Eu estava palestrando em uma conferência em San Diego, patrocinada pela Rare Hospitality, que foi a empresa mãe da Capital Grille e da Longhorn Steakhouse.

Após minha palestra, Jill e eu estávamos passeando pelo local, o Hotel Del Coronado, que é um belo resort de praia ao estilo vitoriano, localizado na baía de San Diego. À medida que subíamos os magníficos degraus em direção ao saguão, nos deparamos com Phil Hickey, o CEO da Rare Hospitality. Ele me agradeceu por palestrar no evento e eu o apresentei a minha esposa, Jill, que estava grávida de Caroline na época. Conversamos por um minuto antes que Jill perguntasse a Phil sobre sua família. Phil abriu um grande sorriso e revelou com orgulho que ele e sua esposa tinham acabado de celebrar seus 40 anos de casados. Ele falou sobre seus filhos e sobre como todos eles viviam próximo dele, em Atlanta, e quão importante era ficar próximo da família à medida que envelhece.

Jill e eu nos entreolhamos. Nós dois amávamos nossos pais, mas não "convivíamos" necessariamente com eles. Nós os vimos no Natal, na Páscoa e no Dia de Ação de Graças, talvez em um aniversário ou outro. Ligávamos para eles algumas vezes por mês. Fazíamos tudo que se supõe que uma família faz, mas a fala de Phil nos fez perceber quão distante nossa conexão havia se tornado.

Olhei para a barriga de Jill e ponderei: "Será que nossos filhos nos verão com essa frequência? Viveremos tão distantes que teremos que depender de feriados para nos unir?"

— Como você faz isso? — Perguntou Jill. — Como convivem?

Phil olhou para o relógio — ele tinha um milhão de lugares para ir. Porém, o forte CEO de cabelos grisalhos, nos direcionou um olhar sagaz. Então, ele disse algo que jamais esquecerei:

— Você deve fazer com que seus filhos sintam, do momento em que saem da barriga até a formatura da universidade e o início suas vidas, que eles são 100% amados, incondicionalmente. Não importa o que façam. Eles irão te testar de todas as formas possíveis. Eles o levarão ao limite. Mas você deve amá-los. Não importa o quê. É isso.

Então, Phil foi embora.

Eu li todos os livros sobre cuidar dos filhos. Ouvi a dezenas de podcasts eloquentes sobre como ser um pai melhor. Contudo, as palavras de Phil Hickey, nos degraus do Hotel Del Coronado, permanecem sendo o melhor conselho que já recebi de como ser um bom pai. Com o passar dos anos tivemos, e ainda temos, muitos desentendimentos com nossos filhos, como qualquer família. Somos testados e levados ao nosso limite. Porém, não importa o quão bravos ou desapontados fiquemos com nossos filhos, Jill e eu sempre olhamos um para o outro e pensamos: Lembre-se da conversa com Phil na escadaria. Respiramos fundo e dizemos aos nossos filhos como os amamos. Apesar das nossas falhas como pais, nossos filhos sabem de um fato indelével: eles são incondicionalmente amados. Nada do que eles façam pode mudar isso. Mesmo tendo passado apenas três minutos com Phil Hickey, ele conseguiu fazer um grande investimento na minha vida.

Não é engraçado como, às vezes, as interações mais curtas perduram, para sempre? Todos temos uma história sobre uma pessoa como Phil. Talvez seja um professor que te apresentou um livro que mudou a sua vida. Talvez seja um estranho em um restaurante que pagou a sua conta. O gerente de recursos humanos que te deu o emprego que logo se tornou uma carreira. Até mesmo o cara que te presenteou com um guarda-chuva durante um temporal. Você nunca sabe quando o menor dos gestos pode mudar radicalmente uma vida.

Pessoas como essas são chamadas de "anjos", mas eu gosto de pensar nelas como *investidores-anjo*. No âmbito financeiro, um investidor-anjo é alguém que fornece o capital inicial para uma empresa start-up, bem antes que quaisquer investidores estejam dispostos a se juntarem ao negócio. É um investimento muito arriscado, visto que a maioria das start-ups fracassam nesse estágio. O termo veio originalmente dos teatros da Broadway, quando "anjos" doavam dinheiro para musicais que estavam prestes a fechar. Alguns investidores-anjo dão dinheiro para uma empresa na esperança de um grande retorno.Outros, no entanto, fazem porque acreditam na visão de liderança e no potencial dessas empresas de ajudar o mundo. Eu gosto de pensar que a influência funciona de modo similar. É a razão pela qual pessoas, como Phil Hickey, investem na vida de estranhos, ainda que não ganhem nada em troca.

Eu tive a sorte de receber muitos desses investimentos-anjo. Meu professor de negócios, na East Carolina University, foi um cavalheiro chamado Jack Karns. Ele ensinava centenas de alunos por ano e não tinha tempo para conhecê-los individualmente. Porém, isso não o impediu de me chamar em um canto certo dia, após a aula.

— Tommy — disse ele —, eu percebi que você estava roendo as unhas. Isso é um hábito terrível. Se quiser se tornar um líder de negócios respeitado, você precisa parar.

Isso vindo de um homem com quem eu nunca havia conversado cara a cara antes. Ainda assim, ele se preocupou o bastante sobre o meu futuro para me confrontar. Algumas semanas depois, Jack me levou para comprar meu primeiro terno formal de negócios e me ensinou que o preço das minhas roupas não era relevante, importava apenas que elas coubessem e fossem coordenadas. Muitos dos meus hábitos meticulosamente cultivados se devem ao Jack, que simplesmente se importou o bastante para me ensinar a como ser um homem.

A chave para ser um investidor-anjo é não esperar algo em retorno pela sua bondade. Quando você espera algo em retorno, você se torna um cobrador de dívidas, não um investidor. Há vários anos, eu fazia mentoria de um jovem rapaz de St. Louis, chamado Ben, que estava começando uma empresa de consultoria de marketing para marcas. À medida que ele desenvolvia seu currículo, ele se

O Dom da Influência

ofereceu para visitar meu escritório e dar aos meus funcionários uma cartilha sobre identidade de marca. Ele passou o dia conosco e fez um trabalho excelente. Uma semana depois, Ben me ligou.

— Então, Tommy — disse ele —, eu te ajudei. Agora, o que você vai fazer por mim?

Naquele momento, toda a gentileza que ele havia demonstrado para meu time e para mim evaporou. Eu percebi que ele não havia investido em nós por estar genuinamente interessado em ajudar, ele o fez para conseguir um favor. Ben, no fim das contas, se desculpou e eu o perdoei, mas quase não nos falamos desde então. Algumas influências negativas são profundas demais.

Às vezes, os investidores-anjo fazem um pagamento único, outras vezes continuam investindo de novo e de novo. Quando me mudei para Denver, para começar minha organização sem fins lucrativos de desenvolvimento de liderança, eu não tinha nenhum dinheiro e nenhum contato. Não fazia ideia de por onde começar. Tive sorte o bastante de encontrar um homem chamado Bill Graebel. Quando compartilhei com ele a minha visão de construir um programa para inspirar os jovens a se tornarem líderes de coração, Bill não exigiu conhecer meu conselho de diretores, ou ver o currículo do meu programa, a carta de confirmação da Lei 501(c)(3) ou plano de gastos detalhado. Ele simplesmente disse: "Estou dentro".

Desde então, Bill ajudou a bancar o desenvolvimento de mais de 10 mil crianças que foram formadas no nosso programa. Se uma criança de baixa renda não puder pagar pelas taxas, Bill paga o custo total. Quando estou planejando o programa Global Youth Leadership Academy em outro país, Bill oferece alguns serviços da sua empresa, Graebel Relocation Servicer, uma empresa de mudanças corporativas de grande sucesso, que lida com logística global. Tudo que precisamos, Bill providencia. Por mais de vinte anos, Bill nunca disse a palavra "não". E ele nunca esperou nada em troca — apenas que eu passe sua gentileza adiante para outra pessoa sempre que posso.

Pensei sobre Bill alguns anos atrás, quando meu amigo Scott e sua esposa Kristen me ligaram. Eles estavam preocupados com sua filha de 15 anos, Taylor. Ela estava sofrendo com ansiedade social e baixa autoestima. Após a escola, ela ia direto para casa — nenhuma atividade, nenhum passatempo, nada de sair com os amigos. Ela costumava amar cantar, mas parou com isso também. Scott e Kristen estavam, compreensivelmente, preocupados e esperavam que o programa de verão que eu comando para alunos do ensino médio, pudesse ajudar a aumentar a confiança de sua filha.

Era evidente que eu gostaria de ajudar, mas precisava me encontrar com Taylor para ver se ela se encaixaria bem. Alguns dias depois, Jill e eu nos juntamos a Scott, Kristen e Taylor para jantar em um restaurante local. Eu passei o jantar conversando com Taylor, fazendo perguntas importantes, tirando-a de sua zona de conforto e tentando entender o seu mundo. A princípio, Taylor estava cautelosa, mas se abriu lentamente.

— Seus pais mencionaram que você ama cantar — falei gentilmente. — Por que parou? Tenho certeza de que seus amigos e sua família adorariam ouvir a sua voz.

Taylor imediatamente cruzou os braços e encurvou os ombros, como se estivesse se escondendo em uma concha.

— Eu não gosto de cantar na frente das pessoas — murmurou ela. — E de qualquer forma, eu não sou muito boa. — Ela baixou os olhos para a comida. — Ninguém quer me ouvir cantar.

— Bem, eu teria medo de performar na frente das pessoas também — comentei. — Apesar de eu poder dizer que você tem uma voz melhor que a minha. E eu sei que muitas pessoas adorariam ouvi-la cantar outra vez.

Passamos o resto da noite ganhando confiança e, então, Scott e Kristen convidaram Jill e eu para irmos com eles até sua casa, para tomar um vinho. Tendo passado o jantar com Taylor, eu percebi que ela era mais durona do que parecia. Ela tinha um senso de humor ácido e eu pude ver que, bem no fundo, ela ansiava por um desafio.

Na sala de estar de Scott e Kristen, eu puxei Taylor de lado e perguntei se ela não gostaria de participar do nosso Global Youth Leadership Academy, na Suíça, no verão seguinte. Ela me encarou por um momento antes de abrir um grande sorriso — do tipo que seus pais não viam há algum tempo.

O Dom da Influência

— Só tem um porém — falei. — Você tem que cantar uma música para nós hoje à noite.

Taylor ficou tensa imediatamente e eu temi que toda a confiança que construí com ela tivesse se dissipado.

— Eu... Eu preciso pensar sobre isso por um instante — gaguejou, antes de se retirar para seu quarto.

Scott, Kristen, Jill e eu nos sentamos na sala de estar, conversando ansiosamente. E se Taylor não voltasse? Será que eu a pressionei demais? Meu trabalho é de ajudar adolescentes a construírem confiança — será que eu fiz essa jovem se sentir pior sobre si mesma?

Vinte minutos depois, ouvimos passos. Taylor adentrou a sala de estar, nervosa, porém determinada, e respirou fundo. Kristen apertou a mão de seu marido enquanto Taylor iniciava sua bela ária. Eu perdi o fôlego. Essa era a mesma jovem que mal me olhava nos olhos horas antes, cuja ansiedade social impedia sua estrela de brilhar. Seus longos e graciosos braços não estavam mais cruzados, fechando-a do mundo, ela tinha agora uma postura orgulhosa, enquanto cantava cada nota. Taylor dominou o espaço e Scott, Kristen, Jill e eu estávamos todos em lágrimas.

Quando ela terminou, Taylor disse quietamente:

— Sr. Spaulding, eu posso me juntar a você na Suíça agora?

No dia seguinte, Scott entrou em contato comigo. Ele mal podia conter sua alegria: Taylor não havia parado de cantar desde a noite passada. Era como assistir uma borboleta emergir do seu casulo após muito tempo. Taylor floresceu e encontrou seu caminho desde que viajou para a Suíça conosco. Não sou para ela um mentor da forma com que Jerry Middel é para mim. Meu papel foi providenciar um único investimento, e estou honrado em saber que ele deu resultados.

Você pode encontrar, todos os dias, formas simples de fazer um investimento-anjo. Às vezes, a melhor forma de começar é no local de trabalho. Cerca de um ano atrás, eu conversei com os funcionários do Players Club & Spa, um belo refúgio tropical em Naples, na Flórida. Durante meu seminário de liderança, eu caminhei pela sala pedindo a todos que me dissessem seus nomes e contassem suas histórias. Por fim chegamos a uma *chef de partie*, chamada Andrean, apesar de todos a chamarem de Mama. Percebi instantaneamente que Mama era a vida do lugar — ela é gentil, fortemente leal e cheia de energia. Ela também é jamaicana e mãe solo de dois meninos gêmeos, Tyrone e Tyrese.

— Eu gostaria de contar a história da mulher que mudou minha vida — disse ela, então apontou para a gerente-geral do clube, Denise Murphy.

Mama explicou que, um dia, seu filho Tyrone irrompeu na sala aos prantos. Alguém havia roubado sua bicicleta do bicicletário. Quando Mama foi trabalhar no dia seguinte, Denise percebeu que havia algo de errado. Mama não estava tão animada como costumava ser. E Denise fez o seguinte: Ela perguntou aos outros funcionários e, quando descobriu sobre a bicicleta roubada, ela decidiu agir. Na manhã seguinte — no seu dia de folga — Denise dirigiu até o Walmart para fazer uma compra especial.

— Denise me mandou uma mensagem dizendo para eu ir até o lado de fora do meu apartamento — explicou Mama, segurando as lágrimas. — E, quando cheguei lá, Tyrone gritou de alegria. Ela estava parada ao lado de uma bicicleta novinha!

Eu adoro visitar locais de trabalho como o Players Club & Spa. Eles se parecem mais como grandes famílias do que empresas. Naquela mesma visita, ouvi histórias atrás de histórias sobre como a comunidade se juntou por funcionários que perderam suas casas em furacões, ou perderam entes queridos para o câncer, ou para a COVID-19. Há uma razão pela qual Denise trabalha ali há mais de duas décadas. Há uma razão pela qual Mama trabalha ali há sete anos, quando a média de permanência de um *chef de partie* é de seis meses. É por causa de pessoas comuns, que encontram maneiras de elevar umas as outras.

Mesmo o menor dos investimentos-anjo pode gerar frutos pelo resto da vida. Pergunte a meu enteado, Anthony, que recebeu um presente sem preço quando se formou no ensino médio, anos atrás.

Eu estava tremendamente orgulhoso de Anthony. Ele havia se formado com honrarias e era capitão assistente do seu time de hóquei do colégio. (Eu, por outro lado, me formei como capitão assistente da escola de verão.) Quando a maioria dos jovens se formam no ensino médio, eles podem ganhar um iPhone, um carro usado, fones de ouvido com cancelamento de ruídos, ou dinheiro, puro e simples.

O Dom da Influência

Não há nada de errado com presentes como esses, porém, Jill e eu decidimos dar a Anthony um presente de maior significado.

Planejamos no verão anterior, quando enviei uma carta para oito mentores que mudaram a minha vida com sua influência: Jimmy, Walt, Frank, Byron, Tim, Doug, Jerry e Scottie. "Seria uma honra para mim se vocês oito fossem o presente de formatura do ensino médio do Anthony", escrevi. "Será que cada um de vocês poderia dedicar um mês do próximo ano letivo de Antony para ensiná-lo?"

Todos os oito concordaram. Alguns deles mal conheciam Anthony, mas isso não os impediu de se esforçar e investir nele, fosse através de conversas ao telefone, escrevendo-lhe cartas, enviando livros inspiracionais e até mesmo voando pelo país para almoçar com ele ou levá-lo a um jogo de beisebol. Não faço ideia dos assuntos que eles conversaram, os assuntos eram estritamente confidenciais. A cada mês, Anthony teve o privilégio de receber a mentoria de um dos grandes influenciadores que conheço — nenhum dele esperava nada em troca.

Quando o dia de formatura de Anthony chegou, todos esses homens viajaram até Denver para se juntar em um jantar muito especial. A noite toda, Anthony se sentou na cabeceira da mesa, enquanto seus investidores-anjo se levantavam um por um e compartilhavam seus pensamentos sobre a vida adulta. Sobre se tornar um homem. Sobre viver uma vida de influência. Esses homens vieram de contextos diferentes, porém isso não os impediu de rir, chorar e partilhar uma refeição como uma família — unidos por seu desejo de ajudar um jovem rapaz a viver a melhor vida possível. Anthony ficou quieto durante a maior parte do jantar, ouvindo com atenção conforme aqueles homens abriam seus corações e suas almas para ele. Por fim, quando todos falaram, Anthony se levantou, olhou para cada um de seus mentores nos olhos e explicou exatamente o que ele havia aprendido com eles e como isso mudou a sua vida. Quando parou de falar, não havia um par de olhos secos na sala.

Após aquele jantar, esses mentores viajaram de volta para suas casas e para suas próprias famílias. É possível que alguns deles nunca voltem a ver o Anthony. Porém, apesar do tempo com ele ter sido curto, eles investiram nesse jovem rapaz tudo o que tinham a oferecer — e esse legado não será apagado pelo tempo. Relógios e fones de ouvido se quebram. Carros parram de rodar e viram sucata. Smartphones se tornam obsoletos após um ou dois anos. O dom da influência, por outro lado, é para sempre.

Em quem você tem investido ultimamente? Ser um investidor-anjo não exige um comprometimento de muito tempo. Isso simplesmente envolve você dizer a si mesmo: Eu ajudarei outra pessoa, mesmo que por alguns minutos, e não esperarei nada em troca.

PARTE IV

O TERCEIRO I DA INFLUÊNCIA: INTENÇÃO

FACA DE DOIS GUMES

Eu sempre tenho pavor de viajar para Tucson, no Arizona. Não tenho nada contra a cidade em si — é um lindo lugar cheio de pessoas bonitas. O que me dá ansiedade é sair do avião.

Isso porque, bem ao lado dos portões da Southwest Airlines, no Aeroporto Internacional de Tucson, é o banheiro masculino. Tratando-se de um banheiro de aeroporto, este até que é bem legal. Tem ladrilhos de mosaico azul nas paredes e cabines limpas. Ainda assim, por quatro anos da minha vida, eu viajei para Tucson com um nó na boca do estômago. Quando o avião descia e eu sentia o trem de pouso baixar, aquele nó se tornava uma bola de pavor, queimando nas minhas entranhas como ácido. No momento em que o avião tocava o chão, eu estava no meio de um completo ataque de pânico. Quando chegávamos ao portão, eu pulava do meu assento no corredor, agarrava minha mala e saía em disparado para fora do avião, a caminho daquele banheiro que conhecia tão bem. Então eu abria uma das cabines, cuidadosamente limpas, e vomitava as minhas tripas.

Não tenho mais ataques de pânico em aviões, mas ainda sinto ondas de estresse pós-traumático quando chego aquele aeroporto. Tudo isso por conta da influência de um homem sobre mim. Esse homem me ensinou a como ser um líder e, tão importante quanto, a como não ser um líder. Ele representa o incrível poder da influência, como ele pode te construir, mas também pode te destruir. Esse é o problema da influência: às vezes ela é uma faca de dois gumes. Não é sempre tudo de bom ou tudo de ruim, às vezes é um tom de cinza entre os dois. No meu caso, o mesmo homem que fez tantas coisas boas no mundo foi corrosivo com as pessoas que o ajudaram a alcançar sua visão. Você provavelmente conhece alguém assim na sua vida. Uma pessoa que fez tantas coisas boas e ruins que você não consegue distinguir como a equação se fecha no final.

Durante o meu último ano do ensino médio, meus amigos estavam sendo aceitos em universidades como Michigan, Cornell e Harvard. Eles estavam se formando com honrarias e grande louvor. Eu, por outro lado, com minha média de 2,0, tive sorte de ter nota o suficiente para me formar raspando, graças a Deus Todo-Poderoso. Então, no final do meu último ano, em 1987, algo aconteceu que mudou por completo a trajetória da minha vida. Uma organização global de liderança e de música para jovens, chamada Up with People, foi se apresentar na minha escola. Eles eram famosos mundialmente, tendo cantado e dançado em quatro apresentações do Super Bowl. Era algo inédito para mim. No palco, havia mais de cem pessoas de todas as cores, fés, credos e nacionalidades. Israelenses e palestinos, indianos e paquistaneses, capitalistas e comunistas, cristãos e judeus e muçulmanos e hindus e budistas. Eles estavam todos cantando rock'n'roll, sorrindo, rindo e dançando juntos. Eu, no entanto, era uma criança católica, ítalo-irlandesa, do norte de Nova York, que tinha saído do estado algumas poucas vezes. Assistir a Up with People foi a primeira vez que percebi que havia todo um mundo lá fora, esperando por mim. E ele estava bem ali, no auditório da minha escola.

Após o espetáculo, eu fui até o palco para aprender sobre a história da organização, que tinha sido fundada na década de 1960 por J. Blanton Belk. Belk tinha visto a habilidade dos jovens de ir além das limitações, de ver para além de raças e construir pontes de compreensão entre as pessoas. Nascida de uma conferência de verão para a juventude, em 1965, a Up with People floresceu e se tornou um fenômeno mundial, juntando, pelo poder da música, pessoas de pensamentos, culturas, etnias e crenças completamente diferentes.

— Você gostaria de preencher o nosso formulário? — perguntou-me um dos membros da equipe.

— Com certeza — respondi. Eu nunca quis tanto fazer parte de algo em toda a minha vida. Seis semanas depois, recebi uma carta pelos correios. Dentre mil formulários, eu era uma das quinhentas crianças ao redor do mundo que foram aceitas para se juntarem ao grupo. A Up with People não se importava com eu ser péssimo em matemática ou que tivesse dificuldades de ler. Eles me queriam pela qualidade do meu caráter, não a minha média escolar. Receber aquela carta de aceitação foi o dia mais feliz da minha vida. Eu a coloquei em uma moldura que guardo até hoje.

Aos 17 anos de idade, eu entrei em um avião pela primeira vez e voei para a sede mundial da Up with People, em Tucson, para me encontrar com estudantes de todo o globo. Passamos seis semanas aprendendo tudo sobre a organização — a música, a coreografia, como se tornar um representante. E então, saímos para mudar o mundo. Morei com centenas de host families em centenas de cidades no período de um ano. Helsinki, Bruxelas, Estocolmo, Amsterdã, Hamburgo, Luxemburgo — cada dia trazia, infinitamente, mais diversidade do que havia conhecido nos primeiros dezessete anos da minha vida. Línguas novas e misteriosas, pessoas fascinantes, costumes estranhos, novas culturas. Naquele ano, eu fiz bons amigos de dezenas de países, muitos dos quais sou próximo até os dias de hoje.

Após chegarmos em Tucson, o meu grupo — Elenco D — teve o privilégio de conhecer Blanton, ou Sr. Belk, como todos o chamavam. Nós nos amontoamos em um anfiteatro sufocante da Universidade do Arizona para conhecer o homem que tocou profundamente nossas vidas. Apesar do calor do deserto, o Sr. Belk vestia um blazer azul marinho sem uma gota de suor. Seu cabelo ondulado estava perfeitamente penteado para trás e, quando sorria, ele se parecia com um irmão gêmeo de John F. Kenedy. A sala de adolescentes tagarelando e fazendo outras vinte coisas ficou em silêncio quando ele entrou. Então, Blanton deu início a um discurso eloquente que nos desafiou a levar a paz para cada canto do globo. A unir as pessoas pelo poder da música e da dança. A amar e servir as nossas host families e construir relacionamentos com pessoas de todas as cores e credos. Estávamos impactados. Até hoje eu modelo meus discursos com base no que ele fez naquele dia quente, em Tucson.

Após ele terminar, nós aplaudimos e gritamos pelo pareceu uma eternidade. Por fim, ele gesticulou para que ficássemos quietos. Em seguida perguntou:

O Dom da Influência

— Alguém tem alguma pergunta?

Antes que eu percebesse, minha mão se levantou.

— Sr. Belk — falei desengonçado —, posso apertar a sua mão?

Blanton sorriu abertamente e caminhou até o meu assento, olhou-me firmemente nos olhos e apertou a minha mão. Jamais me esquecerei daquele momento. Então eu o perguntei:

— Sr. Belk, você já pensou em concorrer para a presidência dos Estados Unidos? O país precisa de alguém como o senhor mais do que nunca.

A plateia explodiu em aplausos. Blanton corou e me agradeceu pelo elogio.

— Vamos manter contato — sussurrou ele.

Durante a faculdade nós trocamos cartas. Ele me contava sobre o último país para onde tinha viajado, os reis e rainhas com quem jantara. Os primeiros-ministros, presidentes e líderes que visitara. Ele me inspirou a confrontar o racismo enraizado que existia na minha universidade. Mesmo no final dos anos 1990, havia fraternidades só para alunos brancos e outras só para alunos negros. Quando virei presidente da minha divisão, eu me tornei amigo próximo de alguém, na mesma posição, da fraternidade para alunos negros e nós começamos a organizar eventos sociais juntos, pela primeira vez na história da universidade. Eu até concorri, com sucesso, para presidente sênior da turma — algo com o qual eu jamais sonharia sem que Blanton estivesse lá para me apoiar a cada passo.

Conforme eu crescia na minha carreira de vendedor na IBM, a Up with People começou o seu longo declínio. Em meados dos anos 2000, ela estava respirando com ajuda de aparelhos. Era um passado distante as apresentações no Super Bowl, a NFL queria nomes maiores da música pop, não crianças cantando Chubby Checker, Motown e os Beach Boys. Mas eu nunca parei de pensar na organização que mudou a minha vida. Certo dia, Blanton, agora um homem idoso, me ligou.

— Tommy — disse ele —, é hora de trazer a música de volta ao mundo. Eu vou relançar a Up with People e gostaria que você liderasse.

Eu estava sem palavras. Eu amava e venerava esse homem e agora ele tinha me escolhido a mão, na tenra idade de 35 anos, para comandar a organização que ele fundou e liderou por quase 40 anos. Eu não poderia dizer não. Quando Blanton me apresentou como o novo CEO e presidente para milhares de ex-alunos em Tucson, mais tarde naquele ano, ele invocou aquele velho carisma que eu passei uma vida emulando.

— Eu nomeei Tommy como CEO recentemente — disse ele —, mas na verdade, eu decidi que ele seria o CEO há quase 20 anos, quando ele tinha 17 e pediu para apertar a minha mão. Eu o olhei nos olhos e soube que ele comandaria a Up with People um dia. E aqui estamos nós.

Quando Blanton acenou para que eu subisse ao palco, eu o abracei e agradeci por tudo que ele havia feito. O melhor homem que eu já tinha conhecido estava passando o bastão para mim e eu estava explodindo de orgulho. Aproximei-me do pódio e fiz o discurso mais importante da minha vida. Falei com o coração. Eu disse que a Up with People era tudo para mim e que precisávamos fazer todo o possível para salvá-la. Fiquei emocionado quando me lembrei de como a influência da organização transformou um adolescente inseguro, com a média 2,0, no homem que eu era hoje. Olhei em volta, para Jill, que amamentava nossa filha bebê, Caroline. Desculpei-me pelos erros que a organização cometeu e que levaram ao seu declínio e por sua atual situação financeira. Prometi agir corretamente para com os nossos doadores.

Eu já fiz milhares de discursos na minha carreira, mas esse continua sendo o melhor. Eu dei tudo de mim naquele palco. Quando terminei, com lágrimas rolando pelas minhas bochechas, a multidão aplaudiu. Eu estava pronto para começar o trabalho e mudar o mundo.

Quando cheguei nos bastidores, Blanton parou na minha frente. Eu podia ver fumaça saindo de suas orelhas.

— Eu nunca quero vê-lo se desculpar por nada que eu e minha organização fizemos — disse ele, cada palavra pingando escárnio. — É fraqueza admitir seus erros.

Encarei o homem que amei por toda a minha vida adulta, sua face transformada em algo que eu nunca vi antes.

— Sim, senhor — gaguejei. Senti como se eu tivesse 17 anos outra vez, recebendo bronca de meu pai por ficar acordado até tarde.

Como com qualquer relacionamento verbalmente abusivo, nunca era de todo ruim. Visitamos mais de cem cidades pelo mundo, buscando ex-alunos nos lugares mais distantes do globo para levantar fundos e compartilhar nossa visão para o século XXI. Durante todo este tempo, notei pessoas olhando para Blanton do jeito que eu costumava fazer. Tive o vislumbre do homem que eu amei, do homem que mudou o mundo com união e música. Porém, quando ninguém estava olhando, eu via um lado diferente dele. Eu estava constantemente esperando pelo comentário ofensivo, pelo temperamento explosivo. Desenvolvi uma úlcera terrível. Vomitei no banheiro do aeroporto todas as vezes que viajei para Tucson, sabendo que Blanton estava prestes a arrancar minhas tripas por perceber alguma irregularidade. Pior de tudo, eu estava de coração partido por causa daquele homem que costumava ser uma influência tão positiva na minha vida. Aquele que acreditei, com todo o meu coração, que queria me ver bem-sucedido, estava usando seu poder para me controlar. Para me estagnar.

Após três anos como CEO, eu pedi demissão. Usei as habilidades que aprendi na Up with People para começar minha própria organização sem fins lucrativos sobre liderança, e o resto é história. Seis anos depois, eu estava em Tucson dando uma palestra. Num impulso, eu decidi visitar a casa de Blanton. Quando ele abriu a porta, eu mal o reconheci. Ele estava com seus 90 anos e parecia bem frágil. Mas então eu vi seus olhos — os mesmos olhos que viram algo em mim em 1987. Ele sorriu para mim e me deixou entrar. Nós nos sentamos em sua sala de estar e tomamos um bourbon. Nós nos lembramos dos velhos tempos. Rimos e choramos. Por fim, eu olhei para ele nos olhos e o agradeci por ter mudado o mundo. Eu o agradeci por ter mudado minha vida. Agradeci por ele ter me ajudado a me tornar o homem que sou hoje. Então apertamos as mãos uma última vez e eu saí. Eu nunca olhei para trás.

Em retrospecto, meus sentimentos a respeito de Blanton são complicados. Ele claramente foi uma das figuras mais influentes da minha vida. Contudo, a influência pode ser uma faca de dois gumes. Ele acreditava na visão de sua organização, mas não nas pessoas trabalhando para tornar tal visão uma realidade. Ele me ensinou a ver o melhor das pessoas e também me ensinou a ver o pior nas pessoas. Mas, no fim das contas, ele também me ensinou sobre a autêntica natureza da influência. Você pode dizer todas as coisas certas, conhecer todas as pessoas certas, começar as melhores organizações, arrecadar milhões de dólares — mas, se a sua visão nunca se estender para além do seu periférico, você não tem nada. Sua influência não termina com um estrondo, mas com um gemido.

E é por isso que o terceiro i da influência é a intenção. Sem intenção positiva, investir verdadeiramente na vida das pessoas é impossível. Intenção se trata de perguntar o porquê. Por que você está escolhendo liderar os outros? É por reconhecimento? Para receber elogios? Por aprovação? Por dinheiro? Ou por que você realmente quer servir aos outros e vê-los alcançar sucesso? Em outras palavras, enquanto os dois primeiros i's da influência são sobre conquistar sua influência, a intenção se trata de manter essa influência a longo prazo.

Nesta seção, eu o desafio a pensar sobre o conceito de legado. Muitas pessoas pensam no seu legado em termos de conquistas. Conseguir ganhar certa quantidade de dinheiro, conseguir determinado título, fundar empresas e por aí vai. Porém, os verdadeiros influenciadores pensam sobre legado de uma maneira diferente. Eles o veem em termos de quantas pessoas eles ajudaram a se desenvolver até se tornarem líderes — e quantas pessoas os superaram.

Todos conhecem Vince Lombardi, um dos melhores técnicos principais da história da NFL. Ele treinou o Green Bay Packers durante os anos 1960, liderando a conquista de cinco campeonatos da liga e dois Super Bowls. O nome dele se tornou tamanho sinônimo de vitória na história do campeonato que o troféu recebeu seu nome. No entanto, aqui está o que você provavelmente não sabe sobre o técnico Lombardi: Ele nunca preparou um sucessor. Quando ele faleceu, de repente, em 1970, não havia nenhum técnico nos Packers preparado para assumir as rédeas. Como resultado, os Packers passaram anos atolados em mediocridade. Na verdade, nenhum único discípulo do "Papa" — como todos o chamavam — conseguiu vencer um campeonato. Nenhum!

Você também deve ter ouvido falar a respeito de Bill Walsh, que foi técnico do San Francisco 49ers por muitos anos. Ele venceu 102 jogos no total, incluindo três Super Bowls, mas isso não é nada comparado com as 347 vitórias de Don Shula, ou as 6 vitórias (e ainda contando) de Bill Belichick na mesma competição. Walsh está listado apenas como 45º na lista quantidades de vitórias de todos os tempos, ainda assim, muitos o consideram o melhor técnico que existiu — melhor até que o "Papa". Isso se dá por conta do legado de Walsh. Se olharmos para sua "ramificação de treinadores" — todos os treinadores antigos e atuais ligados a ele —, não há ninguém como Walsh. Diferente de Lombardi, Walsh investia em seus assistentes, para que eles pudessem, um dia, treinar seus próprios times vencedores. Como ele escreveu em sua autobiografia: "A habilidade de ajudar as pessoas ao meu redor a alcançarem seus próprios objetivos sublinha o aspecto único das minhas habilidades e o título que mais valorizo: professor." Até o momento, o legado de Walsh inclui dezenas de técnicos principais, muitos dos quais conseguiram conquistar seus próprios campeonatos. Quase metade dos times do Super Bowl, desde 1981, foram treinados por Walsh ou por um membro de sua ramificação. Walsh pode ser apenas o 45º em vitórias, mas ele é o 1º no que mais importa.

Meu amigo, Joe Krenn, é um cara que coloca a filosofia de Walsh em prática todos os dias. Ele é um dos gerentes-gerais de maior sucesso no país, com a exceção de que ele não é um gerente-geral de futebol americano — Joe comanda um clube de campo que, de muitas formas, exige mais gestão e habilidades interpessoais do que uma franquia da NFL. Sob sua direção, o Farmington Country Club, em Charlottesville, se tornou uma das instituições de maior sucesso financeiro no país. Joe assumiu o clube quando ele estava no vermelho e perdendo membros aos montes, durante o período da Grande Recessão, seus prédios de centenas de anos estavam literalmente caindo aos pedaços. Joe mudou completamente a política do Farmington, atraiu novos membros, embarcou em uma renovação multimilionária e restaurou a rentabilidade do clube. Em cinco anos de gestão, ele venceu o prêmio da Club Managers Association of America de melhor gerente-geral no país.

Entretanto, não é com esses números que Joe se importa. Ao invés disso, ele se importa com os números dos seus antigos funcionários que se tornaram líderes na indústria dos clubes de campo. Para Joe, esse número é sagrado. É a sua ramificação de influência.

Eu me encontrei com muitos dos homens e mulheres que foram contratados por Joe como estagiários de universidade. Por anos ele os ensinou, investiu em suas carreiras e os assistiu enquanto se tornavam gerentes-gerais, diretores e gerentes de casas de clube — tanto no Farmington quanto em clubes competidores. Afinal, Joe enxerga seu ambiente de trabalho não como um clube de campo, mas como uma organização para desenvolver lideranças.

Como veremos nessa seção, os melhores influenciadores pensam como Bill Walsh e Joe Krenn. Eles seguem as palavras de Eleanor Roosevelt, que certa vez disse: "Um bom líder inspira as pessoas a terem confiança no líder, um ótimo líder inspira as pessoas a terem confiança em si mesmas." Esses líderes plantam sementes e cultivam extensas ramificações de influência. Eles podem ter suas próprias grandes conquistas, mas medem seu sucesso através de quão bem eles criam futuros líderes. E seu legado nunca para de crescer.

INFLUENCIADORES COMEM POR ÚLTIMO

Em um dia abafado de junho de 2014, a alguns quilômetros de Lowell, Massachusetts, seis gerentes de alto nível da famosa rede de supermercados, Market Basket, demitiram-se em protesto. Não foi uma decisão fácil. Para alguns deles, era um primeiro emprego. Mas isso era apenas o primeiro passo na odisseia de semanas que fariam uma empresa multibilionária tremer na base. Dias depois, trezentos funcionários protestaram do lado de fora da sede da empresa. Em semanas, os protestos cresceram para milhares de clientes e funcionários, todos unidos em apoio a um único homem que se sacrificou em prol deles.

A Market Basket é a rede de supermercados mais famosa de New England, com mais de 80 lojas e 25 mil funcionários. Fundada como DeMoulas Market, em 1917, pelos imigrantes gregos Athanasios e Efrosini Demoulas, a loja cresceu rapidamente e se tornou uma cadeia de supermercados de preços baixíssimos e com seguidores fiéis. O supermercado Market Basket não era o tipo de lugar que você iria para comprar um filé mignon deUS $30 ou uma kombucha, ele atraía pessoas comuns que precisavam de mantimentos básicos e baratos para alimentar suas famílias. Nos anos 2000, a empresa era controlada por dois primos chamados Arthur — Arthur S. Demoulas e Arthur T. Demoulas — que representavam partes discordantes da família.

A disputa se resume às práticas amigáveis em relação aos empregados, do CEO da Market Basket, Arthur T. Demoulas, carinhosamente chamado de Artie T. pelos funcionários. De acordo com o que diz a lenda, Artie T. conseguia se lembrar dos nomes de todos os seus funcionários, seus aniversários e os nomes de seus cônjuges. Quando a filha de um gerente de loja foi severamente ferida em um acidente de carro, Artie ligou para ele e perguntou se o hospital estava fazendo o suficiente. "Nós precisaremos mudá-la de hospital?" perguntou ele. Esse "Nós" significava família. Ele comparecia a casamentos e funerais de funcionários e, apesar dos preços baixíssimos, a Market Basket pagava um dos salários mais generosos da indústria. Artie instituiu um sistema de 15% de participação nos lucros, que permitia que funcionários comuns pudessem participar do sucesso da empresa, incluiu um programa de bolsa estudantil e muitas outras políticas que priorizavam o funcionário, o que lhe garantiu seguidores fervorosos. Quando o plano de participação nos lucros sofreu uma perda de 46 milhões durante o colapso financeiro, Artie o compensou com fundos da empresa. Não é preciso dizer que esses sacrifícios financeiros vieram às custas do valor dos acionistas. Segundo um relato, Artie T. teria desviado 300 milhões dos lucros da Market Basket para seus funcionários, o que irritou seu primo, Arthur S., que queria mais dinheiro destinado ao alto escalão.

Quando Artie T. tentou destinar 20% dos lucros da empresa para bônus trabalhistas, Arthur S. e o conselho de diretores da Market Basket entraram em ação. Em junho de 2014, eles demitiram Artie T. e cortaram drasticamente o programa de participação nos lucros. Quando o novo CEO planejou grandes reduções de custos, os seis gerentes de alto escalão renunciaram, incitando uma onda de manifestantes que acreditavam que o conselho estava recompensando acionistas em vez de recompensar os funcionários que trabalhavam duro. A liderança ameaçou demitir qualquer funcionário que se juntasse aos protestos, mas os protestos só cresceram para mais de 10 mil participantes. Funcionários e clientes também fizeram piquetes na sede da Market Basket com cartazes com os dizeres: SALVEM ARTIE T! Motoristas pararam de fazer entregas. A história se tornou uma sensação da mídia, à medida que o apoio público aos trabalhadores explodia. Clientes começaram a fazer suas compras em outros lugares e, dentro de semanas após a demissão de Artie T, as vendas da Market Basket despencaram drásticos 70%. Em certo ponto, a empresa estava perdendo US$10 milhões por dia. Por fim, os governadores Deval Patrick, do Massachusetts, e Maggie Hassan, de New Hampshire, ajudaram a intermediar um acordo no qual Arthur S., desmoralizado, concordou em vender suas ações da Market Basket para seu primo Artie T., por US$1,5 bilhões. Os manifestantes declararam vitória.

O que tinha Artie T. que inspirou tamanha lealdade feroz entre seus clientes e funcionários? Ele era um bom chefe, obviamente, mas a maioria dos chefes não têm um exército de apoio. O que separa Artie T. dos outros é um traço simples: Ele colocou as necessidades de seus seguidores em primeiro lugar, ponto-final, não importa o quê. Desde muito tempo, reconheço esse tipo de devoção pura e inabalável na figura de minha tia Loralee, sobre quem escrevi anteriormente no livro, e sempre vejo isso personificado pelos melhores influenciadores.

No meu primeiro ano após sair da faculdade, eu tinha a tarefa de comandar um programa educacional para a Up with People. Era meu trabalho levar um grupo de estudantes internacionais para o Leste Europeu. Para nós, era uma viagem que mudaria nossas vidas. Visitamos Auschwitz, paramos abaixo do portão de ferro e entendemos, pela primeira vez, o verdadeiro significado do mal. Comemos pierogi na Praça Principal, na Cracóvia, um dos espaços públicos mais bonitos e subestimados no mundo. Ao final da viagem, nos hospedamos com uma família local, em Bratislava, na, então, Tchecoslováquia. Nossos anfitriões estavam claramente honrados em nos receber. Eles não tinham muito, mas usaram suas melhores porcelanas para nos servir um delicioso schnitzel de porco com batatas. Cada um se serviria e eu, imediatamente, peguei dois schnitzels e passei o prato adiante. Na manhã seguinte, um estudante de 18 anos me puxou de canto e me deu o que seria, talvez, a melhor lição de liderança que já recebi.

— Tommy — disse ele —, você provavelmente não contou, mas havia dezoito pedaços de porco no prato e dezoito pessoas à mesa. Você se serviu primeiro e pegou dois pedaços. E você se diz um líder? Líderes comem por último.

Eu vi esse conselho se provar ser correto repetidas vezes ao longo dos anos. Os líderes que comem por último são fáceis de serem identificados, pois seus seguidores não conseguem parar de elogiá-los. Mike Casey, por exemplo, come por último. Ele é o CEO da Carter's, uma empresa de roupa infantil que foi fundada no mesmo ano em que a Guerra Civil terminou. Suas muitas marcas, dentre as quais está a OshKosh B'gosh, representam mais de 10% do mercado de vestuário infantil. Mike está no comando desde 2008. Durante esse tempo, ele mais que dobrou o tamanho da empresa. Entretanto, esse não é o rótulo de que mais se orgulha. Diferente da maioria das empresas cuja rotina é despedir funcionários para manter os custos baixos e a Wall Street feliz, a Carter's, sob a liderança de Mike, foca em reconhecer e recompensar sua força de trabalho de quase 20 mil funcionários, até mesmo durante períodos difíceis.

Aqui está uma história que meu amigo, Jill Wilson, e chefe de recursos humanos me contou: uma vez, Mike estava visitando um centro de distribuição quando foi abordado por um dos zeladores, chamado Richard, que orgulhosamente explicou as medidas que ele lançava mão para reduzir os custos de limpeza. Richard sugeriu que as economias poderiam ser redirecionadas para o plano de investimento em aposentadoria da Carter's. A maioria dos CEOs usaria o dinheiro extra para a recompra de ações e dividendos dos acionistas, mas Mike não é assim. Quando voltou para seu escritório, ele escreveu uma nota à mão para Richard, agradecendo por seu trabalho duro e prometeu manter as necessidades dos funcionários em primeiro lugar.

Naquele ano, e pelos próximos oito de doze em que Mike serviu como CEO, a Carter's ofereceu contribuição adicional de 100% para o plano de aposentadoria feita por seus funcionários, enquanto a maioria das empresas limita suas contribuições a porcentagens muito menores. Em 2021, a Carter's forneceu um bônus especial de três semanas e contribuições de 125% para a aposentadoria em reconhecimento e para agradecer a seus trabalhadores por enfrentarem os desafios da pandemia, equilibrando seus compromissos com suas famílias e a Carter's. Não é coincidência que a Carter's tem um dos maiores índices de retenção de funcionários da indústria.

Não são apenas CEOs e líderes de outras empresas que comem por último. Minha tia Loralee nunca trabalhou para uma empresa da Fortune 500 ou teve que tomar decisões que afetariam os trabalhos de milhares de pessoas. Porém, quando exércitos rebeldes ameaçaram sua missão em Zwedru, na Libéria, ela se recusou a partir até que os últimos homens, mulheres e crianças tivessem sido evacuado. Sua vida influenciou não somente os refugiados que ela salvou na Libéria, mas pessoas que, como eu, assistiram seus sacrifícios e prometeram ser mais como ela.

E o mais relevante é que minha tia me ensinou que qualquer um que quiser influenciar positivamente a vida dos outros não deve nunca parar de fazer sacrifícios. Isso pode significar sacrificar algum dinheiro para doar para uma causa nobre. Pode significar sacrificar seu tempo para ajudar um amigo que precisa. Contudo, na maioria das vezes, significa o simples sacrifício do seu ego ao servir aos outros.

Aqui está um outro exemplo. Alguns anos atrás, Jill e eu levamos nossos filhos para Singer Island, na Flórida, para passar as férias de primavera. Eu iniciei uma conversa à beira da piscina com um homem chamado Ed Shaw, que me contou que ele trabalhou por 25 anos para a mesma empresa como perito de créditos de seguro. Certo dia, Ed foi chamado até o escritório da gerência — no seu aniversário, ainda por cima — e informado que estava sendo dispensado por conta de uma redução na empresa.

— Você não tem que trabalhar o restante da semana — disse seu chefe —, mas nós te pagaremos até a sexta-feira.

Foi isso que Ed ganhou após 25 anos de trabalho dedicado.

Após serem tratadas assim, a maioria das pessoas ficariam com raiva. Os antigos colegas de trabalho de Ed que também tinham sido dispensados certamente estavam, eles saíram naquele dia e nunca mais voltaram. Com meu temperamento italiano, eu provavelmente teria feito o mesmo.

Contudo, não foi o que Ed fez. Ele tinha dezenas de clientes que precisavam ser cuidadosamente transferidos. A empresa pode não ter sido leal a ele, mas Ed era leal aos seus clientes. Pelo resto da semana, Ed compareceu ao escritório e planejou sua saída nos mínimos detalhes. Ele ligou pessoalmente para cada cliente e os disse como tinha sido uma honra servi-los. Às 7 horas da noite na sexta-feira ele limpou a sua mesa e saiu pela última vez. Na segunda-feira seguinte, Ed entrou com um pedido por indenização por desemprego e começou a procurar por um novo emprego. Alguns dias depois, ele recebeu uma ligação do maior concorrência do seu antigo empregador. Acontece que um grande cliente de Ed abandonou o barco e contou à sua nova empresa como Ed permaneceu dedicado aos seus clientes até o fim.

— Precisamos desse tipo de lealdade por aqui. — Foi o que o gerente-geral disse ao Ed. — Adoraríamos tê-lo conosco.

Os melhores influenciadores sabem que não é o suficiente apenas servir aos outros. Você deve fazê-lo com sinceridade. Meu mentor, Jerry Middel, incrustou essa regra dentro da minha cabeça. Foi ele que me impulsionou a contribuir com a comunidade quando me tornei bem-sucedido. Havia apenas um problema:

— Você não pode dizer a ninguém sobre isso, Tommy. Quando doa dinheiro, quando voluntaria o seu tempo, quando conta a alguém sobre isso, não é mais um presente, é um abatimento fiscal.

Essa ideia não é nenhuma novidade, é claro. No passado, no século XII, Maimônides, o proeminente estudioso judeu da Idade Média, esboçou seus oito níveis da Tzedaká, ou caridade. O segundo princípio mais importante, depois de sempre emprestar dinheiro aos que precisam, era doar anonimamente: "faça caridade anonimamente a um destinatário desconhecido, por meio de uma pessoa ou fundo público que seja confiável, sábio e que possa realizar atos de caridade com seu dinheiro da forma mais impecável." Em outras palavras, você doa porque é certo, não porque quer ser visto enquanto o faz.

Às vezes o efeito de atos generosos de caridade pode ser apagado porque sua intenção não é clara. Por exemplo, uma das minhas maiores influências foi meu sogro, Ernie Delgado. O segundo mais jovem de oito irmãos, Ernie cresceu na pobreza em Santa Fe, no Novo México. Ele começou a trabalhar bem cedo para ajudar a família. Ernie aprendeu inglês, estudou bastante para conseguir boas notas, trabalhou, juntou dinheiro e conseguiu bancar sua faculdade. Quando chegou em Greeley, no Colorado, ele conseguiu um emprego como professor, apesar do preconceito enraizado que dominava aquela região. Contudo, Papai Tigre, como todos o chamavam, superou o preconceito, conquistou uma boa vida e apoiou a família. Nunca em minha vida conheci alguém que trabalhou tão duro. Até hoje, um dos melhores elogios que Jill já me fez foi de que minha ética de trabalho a lembrava da ética do seu pai.

Como muitos homens e mulheres bem-sucedidos, Ernie tinha um pouco de insegurança. Tendo crescido como católico devoto e com recursos limitados, ele estava determinado a ajudar os menos favorecidos. Ele se voluntariava por horas e horas na igreja e organizava eventos que beneficiavam os menos afortunados. Ele doava para a caridade e ajudava seus vizinhos. Ernie fez muitas coisas boas para sua comunidade, e ele gostava que as pessoas soubessem disso.

Quando jantávamos com novos conhecidos, ele sempre contava sobre sua doação mais recente ou benfeitoria e eu via os olhares nos rostos das pessoas. Elas não necessariamente sabiam sobre seu passado, ou sobre seu coração e, provavelmente, presumiam que ele era um convencido. Eu sabia que Ernie agia com amor por sua comunidade e orgulho pelo que foi capaz de superar. Como um homem que teve que conquistar a vida da forma difícil, ele sentia que tinha que fazer por merecer seu lugar na mesa, mesmo nos seus últimos anos. Eu o entendia e o amava por isso, mas partia o meu coração ver que algumas pessoas não eram capazes de enxergar o Ernie que eu conhecia — que a influência negativa gerada por um pouco de alarde poderia encobrir uma alma tão bonita. Se eu pudesse voltar no tempo, eu diria a Ernie algo que Jerry me disse: "Deixe que os outros se gabem sobre a sua generosidade."

Afinal, às vezes o sacrifício mais importante que você faz é o do seu orgulho. Você provavelmente se lembra da grande tempestade ártica de 2021, que trouxe temperaturas abaixo de zero para a região central dos Estados Unidos, deixando milhões de texanos sem eletricidade ou aquecimento por dias. Quando a frente fria chegou, eu estava em Nashville com meu filho, para um campeonato de hockey. Quando pensa em Nashville, você provavelmente pensa em música country, frango frito e Johnny Cash — não frio extremo e grandes tempestades de neve. Bem, após um torneio congelante, no qual o time de Tate venceu contra todos os doze competidores, nós entramos em uma nevasca histórica que deixou a Cidade da Música de joelhos. Todos os voos foram cancelados. Chegamos no aeroporto no dia seguinte e descobrimos que nosso voo ainda estava atrasado porque (descobrimos depois) a máquina de degelo de aeronaves da companhia aérea estava quebrada. Sempre que nos aproximávamos do balcão, a atendente franzia o cenho e dizia:

— Embarcaremos em breve. Por favor, seja paciente.

Após horas sentados no aeroporto ouvindo a mesma frase — "Embarcaremos em breve, por favor, seja paciente" —, os passageiros começaram a ficar impacientes. "Por que você não nos dá nenhuma informação?" "Quais são as chances de voarmos hoje?" "Precisaremos reservar um hotel por outra noite?" "Posso ter um reembolso?" "Todos os outros voos estão decolando, menos o nosso." A raiva entre os passageiros era contagiante. Estávamos frustrados e não estávamos embarcando no avião, sim, mas estávamos especialmente bravos pela companhia aérea não se desculpar ou assumir sua falha pela máquina de degelo quebrada. Eles não explicaram a situação ou tentaram nos dar uma previsão realista de quando o voo sairia. A companhia claramente não queria nos deixar ilhados no aeroporto, mas sua falta de transparência encobriu quaisquer intenções positivas que eles possam ter tido.

Por fim, em vez de se desculparem eles fizeram o seguinte: eles chamaram a polícia. Sim, quatro oficiais do aeroporto uniformizados apareceram para proteger o balcão de atendimento dos pais de vários jogadores de hóquei de 12 anos que estavam famintos.

Essa história é um claro exemplo de um péssimo serviço ao consumidor, mas também chega direto ao ponto de como a influência ruim funciona. Sabe, humanos têm essencialmente dois cérebros em um. O primeiro, os cientistas chamam da mente "o que é". Ela procura, vê o que está acontecendo à sua volta e responde com emoções viscerais, como animação, tristeza e raiva. Quando você está no aeroporto, a mente "o que é" vê atrasos e fica com raiva porque você não vai chegar em casa a tempo. Ela fica feliz quando o voo finalmente embarca e aliviada quando pousa. A segunda mente é "o que deve ser". Essa parte do nosso cérebro é muito mais complicada, pois ela vê não apenas o que é um resultado, mas também como ele deveria ter sido. A mente "o que deve ser" vê atrasos em aeroportos e pensa, indignada, que alguém deveria consertar o maldito avião e ser mais comunicativo. O cérebro fica satisfeito ou irritado baseado em como os outros estão reagindo a determinada situação. Eles não veem como isso está me afetando? Por que eles não estão tão irritados quanto eu agora?

A influência mais profunda e mais duradoura emerge em situações em que sua mente "o que é" está incomodada com uma situação, mas sua mente "o que deveria ser" está satisfeita com as verdadeiras intenções de alguém. Em outras palavras, é quando as pessoas escolhem o caminho certo. Há alguns anos, uma amiga minha — vamos chamá-la de Sue, em prol da privacidade — me contou uma história inacreditável que toca o coração da influência. Ela ficou noiva do seu namorado da faculdade — que chamaremos de Mark — logo após eles se formarem. No outono seguinte, ela entrou para a Harvard Business School. Ela tinha uma carga horária cansativa e, durante o semestre, se tornou amiga próxima de um colega de turma, o Dave. Eles passavam longas horas juntos estudando para provas, fazendo projetos em grupo e compartilhando lanches tarde da noite. Logo, Sue e Dave se tornaram algo além de amigos, eles estavam tendo um caso emocional. Assolada pela culpa, Sue finalmente confessou tudo para Mark.

A maioria dos homens ficaria irritado e, talvez, gritaria palavras terríveis. Talvez eles terminariam o noivado, ou tentariam bater no outro cara. Em vez disso, Mark disse o seguinte:

— Ele deve ser realmente um cara especial, se você tem sentimentos por ele. Eu gostaria de conhecê-lo. Por que não o convida para jantar?

Eu, literalmente, engasguei quando ela me disse isso. Mark engoliu seu orgulho e deixou clara a sua intenção mais crua e sincera: Ele queria que Sue fosse feliz, não importasse o quê. Mesmo que isso significasse estar com outra pessoa.

Como você pode, provavelmente, imaginar, o jantar foi estranho. Ainda assim, Mark foi um perfeito cavalheiro — calmo, educado e compreensivo. Dave, por outro lado, foi o completo oposto. Ele foi rude, arrogante e presunçoso. Ao final da noite, Sue percebeu que havia cometido um terrível erro e se apaixonou outra vez pelo homem humilde de quem a reação aos seus deslizes foi de ser gentil. Avançando 25 anos no tempo, Sue e Mark estão, alegremente, casados e têm uma família linda.

Quando ouvi essa história, não pude me impedir de pensar em todos aqueles anos atrás com a minha host family, em Bratislava, quando eu aprendi que, às vezes, líderes comem por último. Porém, Mark me mostrou o que realmente significa "comer por último" em um sentido maior. No final, Mark é um homem que conseguiu colocar os interesses de Sue acima dos seus próprios, ainda que cada instinto seu estivesse gritando para que fizesse o oposto. Mesmo quando foi injusto. Ele comeu por último do prato do orgulho e sacrificou seu ego quando mais importou. E essa foi uma influência inegável que criou um dos casamentos com a base mais firme que eu já conheci.

VOCÊ MONOPOLIZA O VENTILADOR?

Quando minha filha, Caroline, tinha 13 anos, ela frequentou um acampamento no norte do estado de Vermont, perto da fronteira com o Canadá. Aquele se tornou, instantaneamente, seu lugar favorito no mundo. Ela amou tanto que chorou quando a buscamos no final do verão. Caroline tinha feito dezenas de novos amigos e memórias para toda a vida, e implorou para voltar no ano seguinte.

Contudo, no verão seguinte, tudo mudou. Quando Jill e eu a buscamos no acampamento, ela estava mais contida. Despediu-se dos amigos e entrou silenciosamente no carro. Sem lágrimas, sem pedidos desesperados para a inscrevermos para o ano seguinte. Quando a perguntamos se ela tinha aproveitado do acampamento, ela não parecia animada com todos os novos amigos que fez e todas as novas atividades que experimentou. Ela simplesmente disse:

— Foi legal.

— Você quer voltar no ano seguinte? — perguntei.

Caroline deu de ombros e olhou para fora da janela.

— Não, acho que não.

Demorou um pouco até que ela se sentisse pronta para nos dizer o que aconteceu. Ela não teve nenhum problema com amigos ou atividades práticas. Foi a conselheira dela — a chamaremos de Amy — que vivia com Caroline e outros dez campistas nas cabanas de madeira. Caroline explicou que, por não haver ar-condicionado na cabana, ficava muito quente à noite. Porém, havia um ventilador no canto que, geralmente, rodava para os dois lados, assim, todos poderiam ter um pouco de alívio. Em vez de usá-lo assim, Amy o apontava diretamente para sua cama. Por quatro semanas, mesmo quando faziam 32 °C, ela se recusava a compartilhar de sua brisa fresca com qualquer um dos campistas. Ainda que Caroline amasse seus amigos, os esportes, as atividades, ela não conseguia parar de pensar em como Amy tinha monopolizado tanto o ventilador. Isso estragou toda a experiência de acampamento, e minha filha nunca mais voltou.

Se você pensar a respeito, existem monopolizadores de ventilador por toda a parte e a maioria de nós viu como eles podem arruinar o que, caso contrário, seria uma organização incrível. Veja o exemplo de Kelsey, uma jovem profissional que participou do nosso programa anos atrás. Uma mulher notavelmente brilhante, ela se graduou na Universidade de Stanford e conseguiu um emprego em uma empresa de tecnologia renomada no Vale do Silício. Era o tipo de trabalho que as pessoas matariam para ter, com um salário altíssimo, ótimos benefícios, uma visão corporativa positiva, e colegas de trabalho incríveis. Certa vez, quando nos encontramos para um café, eu fiquei chocado ao saber que Kelsey precisava da minha ajuda para encontrar um novo emprego. Quando perguntei o motivo de ela querer sair de uma empresa tão boa, ela respondeu:

— Eu odeio o meu chefe. Ele tem um ego enorme. Ele se coloca sempre em primeiro lugar e, constantemente, a responsabilidade pelos erros em seus subordinados. — Kelsey era capaz de detectar um líder egoísta a 1 milhão de quilômetros e ela queria sair, mesmo que isso significasse deixar uma empresa tão única.

Eu disse o seguinte a Kelsey:

— A maioria dos líderes são como o seu chefe: egoístas. É muito difícil ser um líder servil.

Questionário: Qual é a razão número um para as pessoas pedirem demissão de seus empregos, de acordo com uma pesquisa da Gallup, feita com mais de 1 milhão de trabalhadores americanos? Chefes ruins. Como diz o velho ditado, funcionários entram pelas empresas, mas desistem pelos gerentes. Isso é bem verdade, porém, eu quero ir além: A influência negativa de uma única maçã podre geralmente é fatal. Tudo que é preciso é um único monopolizador de ventilador para arruinar a cultura de uma organização que uma vez foi ótima.

Eu tenho a sorte de poder palestrar para milhares de líderes de negócios a cada ano e eu sempre começo com a mesma pergunta para a minha plateia:

— Quem quer ter uma influência negativa nas vidas dos outros?

Nenhuma única pessoa levanta a mão. Claro que não — que tipo de idiota tenta ser um chefe ruim?

— Fantástico — falo para minha audiência. — Vocês querem ser bons líderes. Esse é o primeiro passo. Vocês podem decidir ser uma influência positiva em cada nível da sua organização. Infelizmente, é aí que suas escolhas terminam. Vocês podem decidir o tipo de influência que querem ter sobre os outros, mas não podem decidir a influência que têm sobre os outros.

Eu observo a plateia, assistindo enquanto franzem o cenho e coçam a cabeça em confusão.

— Vocês decidem o tipo de influência que querem ter sobre os outros — digo outra vez, mais devagar —, mas não decidem a influência que têm sobre os outros. Quem decide?

Seus seguidores decidem. Seus cônjuges, seus filhos, seus funcionários, seus consumidores, seus clientes, seus vizinhos, seus amigos — essas são as pessoas que reagem à sua influência e decidem que tipo de líder você se tornou.

Quando sou convidado por uma organização como um coach de liderança, eu faço uma pergunta direta a cada membro do time: "Você acha que é uma boa influência para seu time?" A maioria diz que sim, e eles realmente acreditam nisso. Porém, algo interessante acontece. Eu questiono seus subordinados, em sigilo. Falo com o entregador de cartas, secretários, zeladores e assistentes — as pessoas que trabalham para esses líderes diariamente. E as suas respostas não são sempre legais. Com muita frequência, há um grande abismo entre o que os líderes pensam sobre si mesmos e o que seus seguidores pensam deles. Como o chefe de Kelsey, suas ações não se alinham com suas intenções.

O Dom da Influência

Para ilustrar essa questão, eu coloco os participantes dos meus retiros Heart-Led Leader para fazer um exercício simples. Eu dou a cada um deles dois post-its, um amarelo e outro azul. Em seguida, em um quadro branco, eu faço duas colunas. Na esquerda: Bom Líder. Na direita: Mau Líder.

— Quero que vocês pensem no melhor chefe que tiveram — digo a eles. — Essa é a pessoa que tem a maior influência em vocês, que foi o líder e mentor mais importante; não importa se você trabalha fazendo hambúrgueres ou organizando uma fusão de um milhão de dólares. Escreva o primeiro nome dessa pessoa no post-it amarelo.

A sala fica em silêncio. Eu observo os rostos desses executivos e gestores enquanto eles pensam na sua lista de chefes.

— Agora, no azul, eu quero que escrevam o nome do pior chefe que já tiveram, aquele que foi uma influência terrível. — Esse não demora muito tempo; afinal, todos se lembram daquele chefe horrível.

— Agora, tragam seus post-its e as colem no quadro branco. Todos querem estar aqui algum dia — falo, apontando para os post-its amarelos. — Um líder servil que coloca as necessidades dos outros em primeiro lugar. Uma influência positiva que é amada e respeitada pelas pessoas por conta de suas ações, não pelo seu cargo. Esse é o objetivo. Então, eu aponto para o mar de post-its azuis no quadro. — Eu aposto qualquer coisa que aqueles chefes queriam isso também.

— Rick, Maureen, Jason... — Leio os nomes um por um. — Retta, Stu, Bruce. Ninguém nessa lista queria que seu nome terminasse em um post-it azul. Eles começam com o objetivo de ser uma boa influência, como vocês todos hoje. Eles queriam ser líderes nos post-its amarelos. Entretanto, seus seguidores decidiram qual a cor que eles assumiram. Suas ações e suas intenções não foram alinhadas, e eles se tornaram más influências.

Eu olho para a minha plateia, muitos deles serão os CEOs, os diretores financeiros e os gestores de vendas de amanhã. Eles parecem desconfortáveis. Eles sabem qual pergunta farei.

— Eu sei qual a cor que todos vocês querem ser. Mas, qual cor vocês serão?

A raiz do problema é a seguinte: pode levar anos para conseguir a boa influência entre seus seguidores, mas apenas segundos para perdê-la. Quando você pensa sobre os chefes nos post-its azuis, você se lembra de todas as coisas ruins. Você se lembra do chefe que puxou seu tapete. Aquele chefe que te negou um descanso quando você estava esgotado. O chefe que só pensava em si mesmo. Toda aquela má influência fica incutida em nossas mentes e nós nos esquecemos das boas qualidades que, a princípio, os colocariam em uma posição de boa influência.

A verdade é que a influência negativa dura mais tempo, e isso vale para todos, não apenas chefes ruins. Se você for um fã de beisebol, provavelmente ouviu falar de Bill Buckner. Com dois foras no fim da décima entrada do sexto jogo do World Series de 1986, Buckner, o primeira-base do Red Sox, deixou uma bola rasteira quicar na sua luva, permitindo que um corredor marcasse, entregando aos Mets uma vitória dramática de virada. A descrição do locutor de rádio, Vin Scully, foi uma das narrações de jogadas mais famosas da história: Uma bola rasteira para o primeira-base... POR ENTRE AS PERNAS! ELA PASSA POR BUCKNER! AÍ VEM KNIGHT... E OS METS VENCEM! Os Mets venceram o World Series e o nome de Buckner se tornou um sinônimo de impotência desde então.

Aqui estão algumas outras coisas que você provavelmente não sabia sobre Buckner: Ele jogou por 22 anos. Recebeu votos de Jogador Mais Valioso em cinco ocasiões. Ele fez parte do time de estrelas. Em 1980, venceu o título de melhor rebatedor com uma média de .324, e compilou 2.715 rebatidas ao longo de sua carreira — mais que os heróis do Hall da Fama como Ted Williams, Mickey Mantle ou Joe DiMaggio. Na verdade, apenas 65 jogadores na história do beisebol tiveram mais rebatidas. Bill Buckner tem estatísticas melhores que qualquer um do Hall da Fama, ainda assim, ele foi deixado de fora das votações no seu primeiro ano de elegível. Se não fosse por aquele único erro, Buckner provavelmente estaria consagrado em Cooperstown hoje.

Como no beisebol, a influência não é justa. Ela é uma coisa volátil, irracional. Você pode passar anos e anos fazendo as escolhas certas para conquistar a confiança e respeito dos seus seguidores e, ainda assim, esses relacionamentos podem se resumir ao quão bem você reage em um momento em particular. Você está pronto para o desafio e faz a coisa certa? Ou toda a confiança e boa vontade escorrem por entre os dedos como uma bola rasteira até que tudo o que resta é o seu nome em um post-it azul?

O cérebro humano está programado para reter informações negativas. Como o psicólogo e escritor, Rick Hanson, explica: "O cérebro é como um velcro para experiências negativas, mas como Teflon para as positivas." Isso se resume a extintos de sobrevivência: Quando você é criança e toca um fogão quente, aquela memória fica enraizada no seu cérebro para o resto da vida. Você não se lembra de todas as vezes que tocou um fogão frio. De forma semelhante, estudos mostram que as pessoas trabalharão mais para evitar perder dinheiro do que para ganhar a mesma quantia. O mesmo vale para os nossos relacionamentos: se você for uma influência negativa para alguém, será necessário muito trabalho para convencer o cérebro a deixar aquela influência negativa para trás. Nos anos 1970, um famoso grupo de estudos feitos pelos psicólogos Dr. John Gottman e Dr. Robert Levenson descobriu que, para cada interação negativa, um relacionamento requer cinco interações positivas para compensar.

Considere isso por um segundo: Para cada ação de má influência, você precisa de outras cinco boas para compensar. É um pouco mais fácil ver como o seu nome vai parar em um post-it azul, se pensar dessa forma.

Eu aprendi isso pessoalmente há alguns anos. Meu amigo de longa data, Bill Petrella, gerencia o Hotel Emma, um resort de luxo em San Antonio, Texas. De todos os hotéis em que me hospedei durante a minha vida, este é um dos mais especiais. Algumas centenas de metros dali fica o Instituto de Culinária da América, que treinou muitos dos chefes dos três restaurantes separados do estabelecimento. O hotel está localizado em uma antiga cervejaria e seu design — vigas de concreto, encanamento exposto, máquinas estranhas espalhadas pelo ambiente — é de tirar o fôlego.

Há alguns anos, Bill me contratou para ministrar um seminário sobre liderança para o seu time. Em troca, ele convidou Jill e eu para sermos seus hóspedes por um fim de semana prolongado. Voamos para San Antonio e eu palestrei para os mais de cem dos funcionários de Bill no hotel. Expliquei a diferença entre bons e maus influenciadores. Bons influenciadores são humildes e genuínos. Eles são amáveis. Eles perdoam e são pacientes. Maus influenciadores, por sua vez, se colocam em primeiro lugar. Eles desrespeitam os outros. Eles desprezam as pessoas que consideram estar abaixo de si. É algo que digo regularmente em palestras e algo que levo bem a sério.

Mais tarde naquela noite, Bill preparou um dos carros do seu hotel para nos levar em um restaurante de luxo no centro de San Antonio. Por conta de uma falha de comunicação com o motorista, Jill e eu tivemos que esperar meia hora do lado de fora do hotel antes do carro nos buscar. Quando ele chegou, eu reclamei com o motorista. Disse que estávamos atrasados para a nossa reserva de jantar. Olhando para trás, eu não me lembro do que disse exatamente. As pessoas fazem breves observações como essa o tempo todo.

Na manhã seguinte, eu estava na academia do hotel quando Bill se aproximou de mim.

— Oi, Tommy — disse, me chamando no canto. — Olha, isso não é nada grande, mas algo chamou a minha atenção nessa manhã. Um dos nossos gerentes mencionou que você pode ter sido um pouco rude com o motorista ontem à noite. Você sabe sobre o que ele está falando?

— Honestamente, eu não me lembro, Bill — admiti. — Acho que eu posso ter comentado que ele estava atrasado. Tem algo de errado?

— Não se preocupe. Cuidaremos disso. É só que o motorista pode ter repetido o seu comentário para algumas pessoas e isso meio que se espalhou entre os funcionários.

Fechei os olhos e percebi a magnitude do que eu tinha feito. Esses eram os mesmos funcionários para quem eu havia palestrado sobre a importância de ser uma boa influência. Eu me dirigi a mais de cem motoristas, cozinheiros, gerentes, camareiras e executivos, falando sobre o porquê de líderes precisarem ser respeitosos com os funcionários de todos os níveis da empresa. "Não é sobre você", falei repetidas vezes. Escrevi com letras garrafais no quadro: NÃO É SOBRE VOCÊ. Verdadeiros influenciadores lideram com o coração e conquistam a confiança. Eles são cuidadosos em cada interação. Influenciadores egoístas são o oposto. Eles são rudes e condescen-

O Dom da Influência

dentes. Eles são afetados pelos pequenos deslizes. Eles são os tipos de pessoas que gritam com motoristas por estarem atrasados.

Escrevi um pedido de desculpas ao motorista. Escrevi um pedido de desculpa ao gerente. Escrevi um pedido de desculpas a Bill. Eu realmente queria fazer tudo o que fosse possível para consertar as coisas. Eu queria, desesperadamente, que os funcionários do hotel soubessem que aquele homem no carro não era o mesmo homem que tinha palestrado para eles anteriormente. Porém, era tarde demais. Minhas ações falharam em estar à altura das minhas intenções. Os funcionários do Hotel Emma viram um homem com uma boa lábia que conseguia falar de forma eloquente sobre ser uma boa influência, mas de quem as atitudes sugeriam que ele era um idiota egoísta. Apesar de Bill ter, generosamente, me convidado para voltar a palestrar para o seu time, eu nunca mais comandei um seminário sobre liderança no Hotel Emma. Como alguém poderia me levar a sério por lá?

Ninguém é perfeito. Todos nós temos dias bons e ruins. Contudo, os melhores líderes estão sempre cientes de como eles estão tratando as pessoas ao seu redor. Eles percebem quando estão monopolizando o ventilador e corrigem o curso.

Meu amigo, Shawn Early é um exemplo de um líder que cometeu muitos erros, mas quando foi mais importante, colocou o ventilador para girar. Shawn tem a clássica história americana de sucesso: Após uma infância difícil, ele se tornou o primeiro membro de sua família a se graduar na faculdade, pagando seus estudos com fritador de hambúrgueres em um restaurantezinho. Quando eu conheci Shawn, ele tirou um pedaço de papel amarelo da carteira que parecia ter sido dobrado e desdobrado milhares de vezes. A tinta da caneta tinha se apagado ao longo de vinte anos, mas eu reconheci que se tratava de um número de telefone.

— Eu conheci minha esposa trabalhando naquele restaurante — disse ele com orgulho. — Jamais me esquecerei quando ela me deu o número. Foi o melhor dia da minha vida. Eu levo isso para todo lugar que vou.

À medida que o relacionamento deles se desenvolvia, Shawn sabia que teria que encontrar uma carreira. Por meio de um amigo, ele conseguiu um emprego que pagava US$10 por hora, como vendedor da Pepsi, em Amarillo, Texas. Era um trabalho humilde, mas a Pepsi se ofereceu para pagar pelo restante da faculdade de Shawn enquanto ele subia de nível na corporação. E Shawn subiu aos saltos, ganhando promoção atrás de promoção enquanto as responsabilidades dele aumentavam.

Oito anos depois, Shawn estava casado, comemorando o nascimento de seu segundo filho e se estabelecendo no cargo de diretor de vendas para a Pepsi em Wichita, no Kansas. Era um cargo de nível executivo, com grandes responsabilidades para um cara que estava estocando prateleiras alguns anos antes. Ao invés de supervisionar funcionários da linha de frente, o que ele costumava ser, Shawn vestia um terno, gerenciava clientes, elaborando planos de vendas regionais e ganhando bem. Os únicos sinais do seu começo humilde eram aquele pedaço de papel dobrado em sua carteira e um boné desgastado da Pepsi, entregue a ele quando começara a trabalhar para a empresa. Agora, ele o pendurava com orgulho atrás de sua mesa.

Uma vez eu o perguntei o motivo de ele pendurar aquele boné suado e velho.

— Para me lembrar por onde eu comecei — disse ele.

Certo dia, Shawn foi chamado até o escritório de seu chefe. A Pepsi estava passando por uma reorganização e seu cargo seria eliminado. Será que ele consideraria permanecer e assumir um cargo de gerente de vendas? Foi uma grande rebaixamento. Lá se foram os benefícios executivos e os ternos. Ele voltaria a supervisionar as encomendas de refrigerante no armazém. Shawn assumiu o trabalho, mas ele estava furioso. Quem eles pensam que ele era? Ele fez tudo certo como um executivo. Impressionou as pessoas corretas. Atingiu todas as metas de vendas. Contratou as pessoas certas. Ele era o garoto de ouro, o primeiro a ser escolhido. Agora ele era o garoto que chutava a bola por último.

Algumas semanas depois, Shawn estava irritado em sua mesa quando um funcionário entrou no seu escritório. Seu nome era Sammy, um vendedor.

— Oi, chefe — disse ele, segurando o tablet que usava para fazer os pedidos. — Meu dispositivo quebrou. Você poderia me ajudar a fazê-lo funcionar?

Shawn olhou para Sammy e sentiu uma onda de frustração. Um mês atrás ele estava em um cargo executivo e viajava pelo Centro-Oeste. Agora, ele tinha que dar suporte técnico para um vendedor?

— Não tenho tempo para isso, Sammy — disse Shawn. — Por favor, chame alguém que tem o trabalho de consertar essas coisas. — Ele estava sendo um idiota, um chefe egoísta, mais preocupado com um obstáculo em sua carreira do que com as necessidades de seus funcionários.

— Tudo bem, chefe — disse Sammy. Então, seus olhos captaram o velho boné atrás da mesa de Shawn. — Ah, eu também perdi o boné do meu uniforme. Você sabe onde poderia encontrar um como o seu?

Shawn sentiu mais frustração crescendo dentro de si. Mas então, ele olhou por sobre os ombros e viu o boné surrado que ele uma vez usou como vendedor. De repente, ele sentiu uma onda de vergonha. No passado, ele não se importava em andar pelo mercado e entreter clientes. Ele estava apenas grato por ter um salário estável. Sammy não entrou em seu escritório para esfregar aquele rebaixamento na sua cara, ele queria consertar seu dispositivo para que pudesse fazer seu trabalho. O trabalho dele, por outro lado, era ajudar os seus funcionários a serem bem-sucedidos e, em algum momento, ele tinha perdido essa missão de vista. Ele tinha se tornado o clichê da criança excessivamente ambiciosa que jogava por si só e todos percebiam. Ele era monopolizador de ventilador.

Era como se uma válvula se abrisse em algum lugar. Todo o ressentimento que se construiu dentro dele foi drenado. Pela primeira vez em muito tempo, Shawn entendeu que não era sobre ele.

— Quer saber, Sammy — disse ele. — Vamos consertar seu dispositivo e encontrar um boné para você.

Desde então, Shawn teve uma nova abordagem: Se seu time precisava de algo, eles vinham até ele. Se quisessem evoluir para além da linha de frente e serem promovidos a cargos de gerência, eles vinham até ele. No processo, algo engraçado aconteceu. Shawn perdeu as coisas boas — o cartão empresarial, o título, as frequentes milhas aéreas, os jogos de golfe — mas ele ganhou algo melhor: um time de homens e mulheres leais que ele considerava uma família.

Pouco tempo depois, Shawn foi promovido de volta a gerente geral e hoje ele supervisiona o mercado de Mountain West da PepsiCo nos

Estados Unidos. Ele é um pilar em nossa comunidade, um dos maiores líderes que lideram com o coração que conheço. Após sua grande promoção, eu o questionei sobre o que ele mais se orgulhava. Ele sorriu para mim e tirou seu velho boné da parede. Correu os dedos sobre os rasgos, as manchas de suor e o logo da Pepsi meio apagado. Por um longo tempo, aquele boné era tudo sobre Shawn — seu trabalho duro, suas ambições, seu futuro. Agora, ele significava algo diferente.

— Eu tenho orgulho do meu time, Tommy — disse ele. — Tenho orgulho de que mais de 70% da minha equipe de gestão começou na linha de frente, assim como eu. Agora, veja onde eles estão.

Shawn foi bem-sucedido onde muitos líderes falham. Ele estava monopolizando o ventilador, mas mudou sua atitude antes que houvesse um dano maior. Pessoas como Shawn são raras. Vejo tantas pessoas que acreditam que o sucesso é um jogo de vitória sobre o outro. Eles acreditam que, para se darem bem, os outros devem se dar mal. Quase toda vez que faço a dinâmica do post-it em alguma empresa, alguém se aproxima de mim no final.

— Tommy, eu quero o meu nome em um post-it amarelo um dia — dizem eles. — Porém, não consigo ver como isso é um modelo bem-sucedido de negócios. Às vezes você simplesmente precisa ser um babaca para obter sucesso.

É nesse momento que eu conto a eles a respeito do homem de negócios mais bem-sucedido que conheço. Um homem que nunca monopolizou o ventilador e fez sua carreira colocando os outros em primeiro lugar.

Eu tive a sorte de trabalhar no circuito nacional de palestrantes por muitos anos. Levo minhas palestras bem a sério e passo semanas me preparando para cada uma delas. Eu também sigo uma regra importante: Pessoalmente, eu não invisto financeiramente nas empresas dos meus clientes, muitas das quais são organizações bem estabelecidas, start-ups promissoras e empresas de capital aberto. Não se trata apenas de ser honesto e ético, da forma que vejo, investir meu coração e minha alma em meus clientes é muito mais importante do que investir dinheiro. Em 25 anos, eu quebrei essa regra apenas uma vez e foi por um influenciador chamado Jackson McConnell.

Não sei qual a melhor forma de descrever Jackson, a não ser dizendo que, se você tem uma filha, ele seria o tipo de cara com quem você gostaria que ela se casasse um dia. Nascido e crescido na Georgia, ele tem um sotaque sulista adocicado, que tem um efeito calmante para aqueles ao seu redor. Jackson é o CEO do Pinnacle Bank, em Elberton, na Georgia, que foi fundado em 1934 e dirigido por seu avô e seu pai antes dele. É o tipo de instituição das antigas que se orgulha de ser um banco comunitário. Sua sede não está localizada em um arranha-céu reluzente, ela está entre uma loja da Dollar Tree e uma Ace Hardware. É o tipo de banco que oferece uma torrada de graça quando alguém abre uma conta corrente.

Quando Jackson começou a trabalhar no Pinnacle, em 1994, o banco tinha US$204 milhões em ativos. Quando ele se tornou presidente, em 2001, os ativos eram de US$311 milhões. E quando Jackson assumiu como CEO após seu pai, em 2006, foram para US$414 milhões. Desde então, sob a liderança estável de Jackson, os ativos do banco alcançaram o valor de US$2 bilhões em 2021. Nesse meio tempo, ele criou centenas de novos empregos ao expandir de três para vinte e quatro agências pelas áreas rurais da Georgia.

A maioria dos banqueiros que expandem tão rápido são o tipo de líderes impiedosos que você vê em filmes de Hollywood, como Gordon Gekko, de Wall Street. Porém, Jackson é um tipo diferente de banqueiro. Eu o conheci por intermédio de um querido amigo, há seis anos. Jackson tinha acabado de ler meu livro, *It's Not Just Who You Know*, e me convidou para um café da manhã em um dia que estava passando por Denver à negócios. Naquela manhã, não estava em meu melhor momento — nem de perto. Tive que levar Caroline ao dentista, dentre um milhão de outras coisas. Antes que eu percebesse, estava 30 minutos atrasado para o nosso café e eu mandei uma mensagem para Jackson, me desculpando profusamente.

— Sem problemas, Tommy, eu vou só pegar outra laranja. — Escreveu de volta.

Então eu percebi que tinha que buscar Tate do treino de hóquei, então mandei outra mensagem para Jackson, me desculpando pelo atraso maior.

— Sem problemas, Tommy — respondeu ele. — Tome o tempo que precisar.

Quando finalmente cheguei ao restaurante, Jackson havia esperado por mais de 1 hora. Qualquer outro CEO teria ido embora, profundamente ofendido, após 10 minutos. Contudo, ali estava Jackson, não qualquer CEO, mas o presidente da Associação de Banqueiros da Georgia, sentado pacientemente, comendo laranjas enquanto esperava que eu colocasse minha vida em ordem. Aquele foi o começo de uma bela amizade e, mais tarde, ele me convidou para comandar um retiro de liderança para seus funcionários.

Quando eu decidi quebrar a minha própria regra e investir dinheiro com Jackson, não foi por ele ter mais que quadruplicado o tamanho do Pinnacle Bank durante sua gestão como CEO. Foi por conta do que eu aprendi quando conversei com sua equipe. Seus funcionários o amavam. Todos, desde os gerentes até os caixas. Eles não paravam de falar sobre Jackson. Como ele insiste que eles tirem um tempo de folga para apoiar suas comunidades, seja treinando na liga juvenil, ensinando em uma escola dominical, se voluntariando no restaurante comunitário ou distribuindo garrafas de água na maratona local. A forma que ele entende a proposta do banco é mais do que aceitar depósitos e fazer empréstimos. De acordo com uma das histórias, Jackson estava em seu escritório quando percebeu um caminhão de entregas parado no estacionamento do banco. O motorista estava reparando o motor, mas não conseguia fazer o veículo funcionar. Se você já esteve no estado da Georgia no mês de agosto, sabe como fica quente e úmido, Jackson levou água para o homem e perguntou se poderia ajudar.

— Eu liguei para o departamento de serviço e eles virão me buscar em algumas horas — respondeu o motorista.

— Ótimo — disse Jackson. — Você quer esperar lá dentro, onde tem ar-condicionado?

O homem recusou. Sua carga, de frutos do mar, era para entrega em restaurantes locais e o peixe estragaria se ficasse exposto ao calor e descongelasse.

Então, o CEO de um dos bancos de maior sucesso na Georgia tirou seu terno, arregaçou as mangas, naquele calor de mais de 30 °C e disse:

— Tudo bem, vamos transportar esses peixes para o meu carro e faremos as entregas juntos. — Jackson abriu o porta-malas do seu carro e começou a carregá-lo com bacalhau, camarões, robalos e peixes-espada, então passou o resto da tarde fazendo entregas para restaurantes locais. Quem faz algo assim? Jackson McConell faz.

Não foi até a pandemia de COVID-19 que eu realmente entendi o tamanho do amor de Jackson por seus funcionários. Como muitas empresas, o Pinnacle Bank teve dificuldades em prestar serviços aos seus clientes quando os lockdowns começaram. Os bancos foram considerados serviços essenciais — afinal, as pessoas precisavam ter acesso ao dinheiro —, mas como eles poderiam operar com segurança? No começo de abril de 2020, Jackson estava em uma chamada de conferência com alguns dos maiores banqueiros do sul dos Estados Unidos, discutindo o futuro. Rapidamente, a conversa tomou o rumo de demissões.

— Quantos funcionários por hora vocês estão dispensando? — perguntou um deles.

— Estamos fazendo com que aqueles que não vão trabalhar usem seus dias de férias — disse outro.

— Estamos instituindo licenças não remuneradas e cancelando benefícios de saúde até que tenhamos mais informação — reportou um executivo.

Jamais me esquecerei da mensagem de texto que recebi de Jackson enquanto ele estava na chamada: "Eu me sinto como um alienígena agora. Todos esses executivos banqueiros estão falando sobre remover planos de saúde dos funcionários e demiti-los. Esses trabalhadores são pessoas reais, eles têm filhos e cônjuges. Estão com medo como qualquer outro. E agora eles perderão seus empregos?!"

Jackson desligou a chamada e decidiu que iria lidar com as coisas de forma diferente. No dia seguinte, o time de gerência do Pinnacle Bank enviou um e-mail para todos os funcionários: "Em primeiro lugar, nosso banco está bem", dizia o e-mail. "Vocês não precisam se preocupar com a nossa condição financeira. E mais importante, seu trabalho está seguro. Cuide da sua família e certifique-se de que eles estejam seguros. Informe-nos aquilo que lhe for confortável ou não e encontraremos um caminho juntos." Apesar de ter uma política de manter os funcionários em primeiro lugar para garantir a segurança de todos, o Pinnacle conseguiu permanecer aberto durante os piores dias da pandemia sem demitir nenhum funcionário.

Eu gostaria que você refletisse por um momento: Quem está no seu post-it amarelo? Quem é o Jackson McConnell na sua vida, aquele que investiu em você, que te inspirou a ser melhor, que estava lá para te apoiar a cada passo? Agora, quem está no seu post-it azul? Quem monopolizava o ventilador e falhou em liderar, que sempre priorizava a si mesmo, que prejudicou sua ascensão, em vez de impulsioná-la? Escreva esses nomes, em seguida, coloque-os em algum lugar alto da sua parede. Olhe para eles todos os dias. Você pode pensar que há uma grande diferença entre as pessoas nos seus post-its amarelos e azuis, mas nem sempre é assim. Às vezes, é somente um momento de influência negativa que fica enraizado na sua mente para sempre.

Por isso estar presente nas suas interações com os outros é tão importante. Os melhores influenciadores não são perfeitos o tempo todo. Eles cometem erros. Eles ficam irritados e dizem coisas das quais se arrependem. Porém, eles têm consciência e são humildes o suficiente para corrigirem os erros. E, antes de qualquer coisa, nos dias mais quentes, mais miseráveis, eles viram o ventilador na direção dos outros.

PEÇA AJUDA

Quando Benjamin Franklin servia no Poder Legislativo da Pennsylvania, ele desenvolveu uma intensa rivalidade com outro legislador. Quanto mais Franklin tentava aprovar seus projetos de lei, mais baixo o outro homem agia. Um dia, Franklin decidiu tentar outra tática. Ele se aproximou de seu rival e perguntou se ele poderia pegar emprestado um raro livro da sua coleção. O homem concordou, relutante, e Franklin devolveu o livro uma semana depois, junto com uma carta agradecendo profusamente. "Quando nos encontrarmos outra vez na Câmara, ele falou comigo (coisa que ele nunca havia feito antes) e com grande civilidade", escreveu Franklin em sua autobiografia. "E, após isso, ele sempre demostrou prontidão para me servir em todas as ocasiões, de modo que nos tornamos bons amigos e nossa amizade continuou até a sua morte."

A verdade é que Franklin tinha razão, visto que pesquisadores têm estudado esse fenômeno desde então. Eles deram um nome para ele: o efeito Ben Franklin. Basicamente, a teoria diz que nós gostamos mais das pessoas após as ajudarmos. Parece paradoxal, mas estudos confirmam isso todas as vezes. Agora, como você pode adivinhar, esse fenômeno tem limites. Se tudo o que você faz é andar por aí pedindo as pessoas para te darem coisas, elas se irritarão. Porém, quando suas ações estão alinhadas com as suas intenções, quando seu pedido é genuinamente sincero, as pessoas irão, não somente te ajudar, mas se sentirão honradas em fazê-lo.

O Dom da Influência

Eu sempre peço ajuda às pessoas. É praticamente o meu trabalho. Por exemplo, toda semana eu ligo para o líder de alguma empresa e conto sobre uma criança desfavorecida que estou tentando patrocinar para o Global Youth Leadership Academy.

— Você poderia ajudar? — pergunto.

A maioria das vezes a resposta é sim. Essas são pessoas a quem eu consulto repetidas vezes, pessoas que se sentem honradas quando peço que contribuam para uma boa causa. Essas são pessoas com quem eu desenvolvi relacionamentos lindamente autênticos, humildes e empáticos — em grande parte por pedi-los para servir aos outros. Muitos dos meus relacionamentos mais queridos começaram comigo pedindo ajuda.

Há alguns anos, a National Leadership Academy celebrou seu vigésimo aniversário. Durante aquele período, dependíamos muito de voluntários, doadores de alimentos, patrocinadores de bolsas escolares e outros benfeitores. Pelos últimos 20 anos, eu pedi que Chris Harr e Shawn Early, da PepsiCo, doassem todas as bebidas para os eventos da NLA. A resposta sempre foi sim. Pedi para que Mark Miller, vice-presidente de liderança de alta performance do Chick-fil-A, doasse centenas de refeições. A resposta sempre foi sim. Perguntei a Bill Graebel se sua empresa poderia ser a principal patrocinadora da NLA. A resposta sempre foi sim. Pedi que Matt Lambert, gerente geral do Country Club em Mirasol, fosse o anfitrião dos nossos retiros e das campanhas beneficentes para as bolsas escolares. A resposta sempre foi sim.

Este capítulo pode parecer paradoxal. A maior parte deste livro tem sido sobre aprender a deixar de lado o seu ego e servir aos outros. Pedir ajuda pode parecer um autosserviço. Pode fazê-lo parecer um aproveitador. Eu entendo. Contudo, estudos psicológicos demonstram, todos os dias, que oferecer apoio é tão importante quanto receber. A mentalidade isolacionista pode até fazer com que você não se sinta um incômodo, mas também o deixará solitário.

Após o divórcio dos meus pais, minha mãe se casou com um homem incrível chamado Lou, seu amigo de infância de White Plains, Nova York. Eles estão casados a mais de 25 anos. Bem, Lou é o mais tradicional possível. Ele serviu no exército dos Estados Unidos e, em seguida, trabalhou duro para subir na sua posição em um conglomerado internacional de laticínios, até que se tornou diretor de operações. Ele era o americano de maior ranking na organização e um líder totalmente pragmático. Lou era o primeiro a chegar e o último a sair — o tipo de homem que apoia seus funcionários, não importa o quê, mas que não espera um tapinha nas costas. A única coisa a qual ele se dedicava mais que ao seu trabalho era minha mãe. Mas, como muitos da geração de Lou, ele raramente pede ajuda. Quando saímos para jantar, Lou sempre paga, sem questionar. Quando um de seus amigos precisa de ajuda, é seu trabalho ajudar, de ninguém mais. Se ele não sabe o que fazer, você jamais ficará ciente do fato, pois Lou sempre tem uma resposta.

Cerca de um ano atrás, Lou e minha mãe se envolveram em um pequeno acidente enquanto dirigiam de sua casa, na Flórida, para a Carolina do Norte. O reparo levaria duas semanas, então eles alugaram um carro e voltaram para casa enquanto o conserto era feito. Lou está no final dos seus 70 anos e eu não queria que ele dirigisse sozinho durante boa parte de dois dias, então planejei voar para a Carolina do Norte, buscar o carro e levá-lo até a casa dos meus pais. Quando Lou descobriu o plano, ele imediatamente pegou um táxi para o aeroporto, voou para a Carolina do Norte, pegou o carro e dirigiu 12 horas de volta para casa, sozinho. Mais tarde, ele me agradeceu pela oferta generosa, mas sua mensagem foi clara: Ele não pede ajuda, nem mesmo para a família.

Nós respeitamos pessoas como Lou — os últimos de uma geração que lutou contra o fascismo e trabalhou para tornar os Estados Unidos o país mais próspero do mundo. Porém, esse tipo de autossuficiência também pode nos impedir de honrar os outros. Quando me deparo com grandes decisões na vida, eu ligo para meus mentores, Jerry Middel, Bill Graebel, Walt Rokowich, Frank DeAngelis, Scott Lynn, dentre outros, para pedir por seus conselhos. Eles apreciam muito estar dentre as pessoas da minha confiança dessa forma e estão honrados por eu pedir conselho. Eu também não tenho medo de pedir ajuda de outras pessoas que mal conheço. Uma vez, conheci um homem chamado Joe Sanders durante um banquete. Ele comanda uma maravilhosa organização chamada Colorado Uplift, que apadrinha novas gerações de líderes urbanos, ao conectar jovens em risco com mentores. Na época em que meu enteado, Anthony, se candidatou para a Academia Militar dos Estados Unidos, ele sofreu de ansiedade. Eu sabia que Joe foi

O Dom da Influência

um coronel aposentado das Forças Aéreas e ex-diretor do Centro de Desenvolvimento de Caráter e Liderança da Força Aérea dos Estados Unidos. Eu pensei: quem melhor que ele para aconselhar o Anthony durante esse período estressante?

Sem mais nem menos, eu liguei para Joe e pedi ajuda.

— Joe, eu sei que você é um homem ocupado, mas eu, literalmente, não consigo pensar uma referência melhor para o Anthony. Você é o tipo de homem que eu quero que ele seja um dia e eu apreciaria tanto se pudesse levá-lo para tomar um café.

Joe não somente cancelou a sua agenda para encontrar com Antony naquela sexta-feira, como também ligou para ele toda semana durante o processo de candidatura. Foi um grande pedido e Joe ficou honrado em ajudar.

Pense na última vez que alguém apresentou você, de forma incrível, a alguém. Se você for como a maioria das pessoas, seu instinto é de ser humilde e grato e não parecer um oportunista. Contudo, ótimos líderes entendem que você nunca deve desperdiçar uma conexão importante — não para o seu próprio benefício, mas para o de outra pessoa.

Para explicar o que eu quero dizer, deixe-me contar sobre um garoto chamado Braidy, que frequentou o nosso programa Global Youth Leadership Academy em Toscana, na Itália. Estávamos no ônibus quando percebi que Braidy estava balançando a cabeça, ouvindo música em seus fones de ouvidos. Ele estava com os olhos fechados e dançava em seu assento, um daqueles momentos imersivos que somente a música pode nos proporcionar. Curioso, eu me sentei ao lado dele e ouvi, esperando ouvir algo como Drake, Taylor Swift ou Ed Sheran. Para minha surpresa, a música que escapava de seus fones de ouvido era do musical *O Livro de Mórmon*. Conforme a música chegava ao seu ápice, Braidy não estava apenas balbuciando as letras — ele estava cantando. E ele era bom. Muito bom.

— Braidy — falei, tocando o seu ombro. Ele pareceu se assustar, como se eu tivesse o acordado de um sonho vívido. — Você é um ótimo cantor. Onde aprendeu a cantar assim?

— É só um passatempo — respondeu ele, timidamente. — Não percebi que estava cantando alto.

Tommy Spaulding

— Você poderia estar na Broadway um dia com notas como essas. Já pensou seriamente sobre trabalhar como cantor de musicais?

— Não sei. Eu provavelmente não sou bom o suficiente.

Mais tarde naquele dia nós fomos caçar trufas em uma fazenda que existia há séculos. Após isso, enquanto comíamos a nossa recompensa, eu pedi a Braidy que se apresentasse para o grupo. Ele nos deixou de queixo caído com uma interpretação do número de abertura de *The 25th Annual Putnam County Spelling Bee*. Aquela foi a sua primeira vez se apresentando para uma plateia, mas você não teria como saber. Ele parecia ter nascido para o palco. No ano seguinte, Braidy ganhou um papel como Roger em um musical escolar, *Rent*. É o papel principal e é muito difícil — especialmente para um novato. Eu levei minha família para assistir ao espetáculo e, claro, Braidy arrasou no seu papel.

Um dia, durante o segundo ano do ensino médio de Braidy, meu agente literário, Michael Palgon, me ligou para contar sobre o seu novo cliente: a estrela da Brodway, Robert Creighton. Bobby, como todos o chamam, é basicamente uma realeza dos teatros, tendo estrelado em obras como *O Rei Leão*, *O Mistério de Edwin Drood*, *Anything Goes*, *Chicago* e *Chitty Chitty Bang Bang*. Ele é uma ameaça tripla, o que significa que ele é bom em cantar, dançar e atuar. Bobby viria a Denver para uma prévia de um mês do novo musical da Disney, *Frozen*.

— Vocês dois deveriam se encontrar — sugeriu Michael.

Eu adoro a Broadway. Adoro. Encontrar-me com Bobby Creighton seria uma oportunidade única para mim, mas em vez de usar isso para conseguir ingressos e passe para os bastidores, eu refleti sobre as minhas intenções e imediatamente pensei em Braidy. Eu liguei para Bobby e a nossa conversa ocorreu da seguinte forma:

— Olá, Bobby, aqui é o Tommy Spaulding. Nosso agente, Michael, pensou que deveríamos nos encontrar. Eu estava pensando se poderia pedir a sua ajuda. Sabe, eu conheço um garoto de 17 anos de idade chamado Braidy...

Quando contei a Bobby a história, ele imediatamente concordou em participar de um quarteto para um jogo de golfe com Braidy e seu pai, Scott. Quando o dia chegou, eu não contei a Braidy com quem jogaríamos golfe.

— Ah, meu amigo Bobby! É possível que você o conheça — falei enigmaticamente.

Então, Bobby entrou na sede do clube, apertou nossas mãos e disse:

— Então, quem é a futura estrela da Broadway que vai jogar golfe comigo hoje?

Eu pagaria uma pequena fortuna para ver a expressão de Braidy imortalizada em uma pintura. Bobby era seu herói, e agora eles andariam juntos em um carrinho de golfe durante toda uma partida. Mas, acredite ou não, assistir aquelas duas estrelas criarem um vínculo não foi o destaque da minha tarde. O destaque foi andar de carro de golfe com Scott, que estava atipicamente quieto por 3 horas. Ele assistia seu filho, animado, conversar com seu ídolo. Ele via um fogo e uma paixão no rosto de Braidy que ele nunca antes vira.

— Tommy — disse-me com um sorriso —, meu filho será uma estrela, não será?

Você sabe que fez algo certo quando ouve isso. Scott e Braidy nunca se esquecerão daquela tarde para o resto de suas vidas. E nem eu. Entretanto, ainda que nosso relacionamento tenha começado com meu pedido de ajuda, Bobby se tornou um dos meus amigos mais próximos.

De quais formas você pode honrar as pessoas ao pedir pela ajuda delas? Aqui vai um ótimo começo: Encontre uma pessoa com uma habilidade que você admira e peça para que ela seja sua mentora. Há pouco tempo, eu fui contratado por meu amigo Mark Honnen para organizar exercícios de convivência para os seus gerentes na sua concessionária John Deere. Após os exercícios, nós saímos para beber margaritas em um restaurante mexicano. Eu observei Mark, que é normalmente um CEO muito inflexível e focado, desafrouxar sua gravata e se descontrair com seus funcionários. Pensei sobre meus próprios funcionários — eu os amo e os respeito, mas não conseguiria me abrir com eles da forma com que Mark fez. Alguns dias depois, eu peguei o telefone e liguei para ele.

— Mark, você poderia me ajudar? — Expliquei que me levava a sério demais e queria sair com meus funcionários sem parecer estranho. — Eu só quero conseguir me divertir no trabalho de vez em quando — admiti.

Mark concordou instantaneamente e até mesmo me agradeceu. Ele se sentiu emocionado por eu ter notado como ele se esforça para cultivar um ambiente de trabalho inclusivo. Mark me ajudou a me tornar um chefe e um homem melhor desde então, e nós nos tornamos amigos próximos.

Pedir ajuda não apenas nos ajuda a nos tornarmos pessoas melhores, como facilita que nos tornemos mais vulneráveis nas nossas vidas diárias. Então, pense a respeito: A quem você vai pedir ajuda hoje? Se seu instinto disser: "Ninguém", lembre-se de que, às vezes, a maior conquista que você pode dar a alguém é honrá-la ao pedir sua ajuda.

PARTE V

O CICLO DA INFLUÊNCIA

ÁGUIAS E GAIVOTAS

Quando não estou viajando pelo país, é certo que vou passar a maior quantidade de tempo com a minha família. Todo ano eu juro passar mais tempo em casa mas, de alguma forma, o trabalho se intromete. Desde palestras sobre liderança, treinamentos e retiros corporativos, até minhas viagens com os projetos National Leadership e o Global Youth Leadership, parece que estou sempre num avião em algum outro lugar. Durante o verão de 2021, quando Anthony foi para a faculdade, em West Point, eu percebi como temos pouco tempo com nossos filhos antes deles deixarem o ninho. Quando Tate recebeu sua primeira oferta de uma escola preparatória de hóquei, no oitavo ano de uma escola que, ainda por cima, ficava do outro lado do país, isso me afetou muito mais.

Percebi que, logo, Caroline pode ser a nossa única filha em casa, e por isso, eu queria passar o máximo de tempo possível com ela. Como qualquer adolescente, ela não é sempre fã dessa ideia mas, ocasionalmente, ela me deixa cobri-la na hora de dormir. Certa vez, eu a dei um beijo de boa noite, como sempre faço, mas algo parecia diferente. Pelos últimos dias ela parecia mais quieta que o normal.

— Aconteceu alguma coisa, querida? — perguntei. — Você quer falar sobre isso?

— Papai, estou tendo dificuldades de me encaixar na escola.

A princípio, eu tive problemas para compreender isso. Sempre pensei em Caroline como uma garota popular. Ela é bem extrovertida. No

O Dom da Influência

fundamental, ela jogava basquete, conseguiu o papel de Mary Poppins no musical e terminou como a melhor da turma. Ela é muito envolvida em muitas organizações em sua escola. Caroline encantava tanto as pessoas, sem dificuldades, com sua postura e gentileza que eu nunca pensei que ela teria problemas em fazer amigos.

Caroline explicou que as coisas começaram a mudar depois dela completar 16 anos. Seus amigos começaram a organizar festas com álcool. Ela não tinha interesse em nada daquilo. Sua ideia de uma noite de sábado divertida era se oferecer para ficar de babá ou se voluntariar em um evento servindo alguma comunidade. Em vez de festejar durante as férias de verão, ela preferia ir para o acampamento bíblico. Caroline explicou que, enquanto os adultos viam uma boa jovem com valores impecáveis, alguns dos seus colegas de turma viam uma garota puritana.

Às vezes, eu tenho dificuldades de me relacionar com minha filha. Ela é tudo que eu não fui quando tinha a sua idade. Ela é brilhante, bem articulada e humilde. As habilidades de liderança, que eu passei décadas aprendendo, são naturais para ela. Enquanto Tate é um furacão de energia, que vive no gelo e inspira seus colegas de time a jogar da melhor forma que puderem, e Anthony é um líder natural, que jurou dedicar uma vida de sacrifícios em prol de seu país, a influência de Caroline é mais quieta, mais estável e personificada nas boas decisões que ela toma todos os dias, sem pensar duas vezes. Às vezes eu temo que ela seja muito inteligente para se beneficiar de qualquer conselho que eu possa oferecer.

Porém, as palavras certas milagrosamente me vieram à mente.

— Querida, eu nunca te contei sobre as águias e as gaivotas? — perguntei.

Caroline balançou a cabeça negativamente.

— Bem, as gaivotas estão em toda parte. Existem milhões e milhões delas pelo mundo. Elas ficam nas praias, nos parques, nos lixões. Você pode ouvi-las quando estão a mais de 1 km de distância. Elas estão sempre se limpando e procurando por comida. Elas nunca voam mais alto que 30 metros. Não há nada de errado com as gaivotas, mas nós as vemos com tanta frequência que nem pensamos sobre elas. As águias, por sua vez, são raras. Elas voam tão alto quanto aviões. Elas podem ver um peixe pequeno a vários metros de altura. Se tiver sorte de ver uma águia, você para o que quer que esteja fazendo e as observa em admiração.

— Você sabe qual delas você é, querida?

A sombra de um sorriso apareceu em seus lábios, mas ela ainda parecia descrente.

— Você se lembra de alguns anos atrás, quando a perguntei se você queria ir para a Disney nas férias? Você disse que preferiria ajudar a construir casas para pessoas pobres no México. Não é isso que as gaivotas fazem.

Então ela sorriu mais amplamente.

— Todo Natal, quando todos os seus amigos estão abrindo presentes, você prepara sanduíches. Então você nos arrasta para a Costco para comprar meias. E nós passamos o dia todo entregando sanduíches e meias para pessoas em situação de rua. Não é isso que gaivotas fazem.

Agora ela estava realmente sorrindo.

— Querida, eu dediquei a minha carreira para ajudar gaivotas a se tornarem águias. Você é uma das raras jovens que são águias desde o dia em que nasceram.

Pensei sobre aquela conversa por um longo tempo. A verdade é que eu passei os primeiros trinta anos da minha vida como uma gaivota. Como já escrevi a respeito antes, quando cresci em Suffern, eu tive dificuldades acadêmicas por conta da minha dislexia não diagnosticada. Eu era praticamente um móvel na sala da explicadora por conta dos meus desafios de aprendizado. Havia um ceceio persistente na minha fala. Fui para a recuperação durante todos os quatro anos. Eu não era compreendido. Ainda assim, por ser um escoteiro, um coroinha e uma boa criança, meus professores me deixaram passar, mesmo que eu mal pudesse ler ou resolver problemas básicos de matemática. A única que comentou sobre os meus problemas foi a minha instrutora de datilografia, Sra. Dizzini, que não conseguia entender o motivo de eu misturar as letras o tempo todo.

— Acho que você é só estúpido, Tommy — disse ela finalmente, exasperada.

Ao final de cada semana, minha mãe se sentava comigo na cozinha e perguntava:

O Dom da Influência

— O que você conquistou nessa semana? Que notas conseguiu? Quais tarefas cumpriu?

Minha mãe me amava muito e estava muito orgulhosa das minhas conquistas, mas, devido à insegurança, às vezes eu sentia que tinha que conquistar o seu amor. Eu era constantemente comparado aos meus primos, que eram ótimos nos esportes, frequentaram ótimas escolas e tiveram ótimas carreiras. A cada teste que eu tirava nota baixa, a cada verão passado dentro da sala de aula, mais eu me sentia como o fracasso da família. Porém, eu aprendi a mascarar a vergonha com pura motivação e ambição. Decidi que provaria ao mundo que eu poderia ser bem-sucedido. Jurei que um dia eu ganharia mais dinheiro que todos os meus primos juntos. Vergonhosamente, continuou sendo meu objetivo para obter sucesso por mais de uma década. Eu estava viciado em conquistas e sucesso.

Apesar de eu ter me formado no ensino médio com média 2,0 e pontos extremamente baixos no vestibular, eu consegui. Fui eleito o representante sênior da turma. Apresentei os anúncios matinais, decorei minuciosamente cada palavra para que não gaguejasse enquanto lia. Fui eleito o aluno modelo. Tornei-me o chefe dos escoteiros mais jovem da história da minha tropa. Eu era o placekicker inicial no time de futebol americano da escola. Cantei em musicais escolares e era capitão do time de corridas de ski. Fui o campeão estadual e nacional do DECA no quesito empreendedorismo. Eu era presidente do Estudantes Contra Embriaguez ao Volante. Voluntariei-me na minha igreja local, enquanto também trabalhava meio período no McDonald's e no Domino's. Acumulei tantas conquistas que fui eleito aquele que "Fez Mais pela Suffern High School" nos adjetivos do anuário.

Toda presidência de clube, todo prêmio, toda conquista apenas alimentaram meu vício por sucesso, e essa busca por reconhecimento continuou na faculdade. Ainda assim, minhas notas eram terríveis. Eu reprovei em Matemática 1056 — álgebra básica — seis vezes. Fiquei de recuperação por não conseguir créditos suficientes. Gosto de brincar que, se você somar as minhas médias do ensino médio e da faculdade, eu me formei com uma média de 4,0.

Tive que continuar alimentando meu vício por conquistas. Fui para a faculdade de administração na Austrália e me destaquei. Em vez de optar pelo trabalho que realmente queria depois da graduação — trabalhar para o National Geographic — eu aceitei o trabalho que me ofereceu mais bônus e o maior salário: Lotus Development (IBM), em Boston. Quando completei 30 anos, eu era o melhor vendedor e vivia em um apartamento milionário no South End. Tinha viajado para mais de oitenta países. Vivi na Europa, na Ásia e na Oceania. Cumpri cada tarefa, venci cada prêmio, até mesmo consegui meu objetivo de ser mais valioso que meus primos juntos. Ainda assim, bem no fundo, eu ainda me sentia como o garoto da explicadora, com dislexia e gagueira. Eu ainda ouvia as palavras da Sra. Dizzini ecoando na minha mente: "Eu acho que você é só estúpido, Tommy." Nenhum prêmio, nenhum salário, nenhum título poderiam preencher aquele vazio no meu coração.

Conforme relatei em meu primeiro livro, meu momento de clareza veio numa conferência de vendas, em 1999, no Walt Disney World Swan and Dolphin Resort. O vice-presidente de vendas da Lotus Developement subiu no palco gritando, "Nós queremos mais participação no mercado! Mais participação no mercado significa que vocês ganham mais dinheiro!" Notas de dólares choveram como confetes enquanto ele batia no púlpito e eu assistia aos meus colegas se empurrando, ajuntando as notas como crianças se amontoando perto da piñata para pegar os doces. Quando voltei para casa, eu avaliei duramente as minhas motivações. Eu havia conquistado pelo meu próprio senso de orgulho, não porque eu queria ajudar e influenciar os outros. Viajei, não para aprender sobre o mundo e as outras culturas, mas para esbanjar os carimbos no meu passaporte. Ganhei dinheiro, não para começar uma família, ou doar para causas merecedoras, mas em uma tentativa vã de provar que eu não era estúpido. Eu tinha 30 anos, estava depressivo e sozinho. Em vez de construir uma vida de significado, eu passei dez anos agregando informação ao meu currículo. Eu era apenas outra gaivota procurando por migalhas. Tudo isso tinha sido por egoísmo e para esconder o buraco de insegurança no meu coração.

Foi então que percebi: A única vez que eu havia sido verdadeira e inequivocadamente feliz foi quando viajei pelo mundo, na adolescência, com a Up with People. Na época, eu não tinha dinheiro ou carreira. Eu só queria ajudar a unir o mundo. Ao aprender a

O Dom da Influência

amar e servir aos outros, eu aprendi a amar e a servir a mim mesmo. Em algum momento do meu caminhar, eu esqueci essa lição.

Então eu fiz uma loucura. Saí do meu emprego, vendi meu apartamento em Boston, coloquei as malas no carro e dirigi para Denver, no Colorado, para retornar à organização que mudou a minha vida. Quando tinha 35 anos, me casei com Jill, que me ensinou o significado incondicional do amor. Ela me amaria rico ou pobre. Ela me amaria se eu usasse skinny jeans ou calças largas. Jill não se importava com o meu currículo ou com meus prêmios. Tudo que importava para ela era que eu acordasse a cada manhã determinado a aprender algo novo e me tornar uma pessoa melhor. Quando deixei a Up with People, eu gastei o dinheiro que tinha juntado para fundar uma organização sem fins lucrativos chamada Leader's Challenge, que mais tarde se tornou a National Leadership Academy. Meu objetivo era servir a jovens que, como eu, eram menosprezados.

Nos vinte anos seguintes, nós recebemos mais de 10 mil participantes nos nossos programas National Leadership e Global Youth Leadership. A cada formatura bem-sucedida, o grande buraco no meu coração é parcialmente preenchido. Mudar o meu coração e dedicar a minha vida a servir aos outros tem sido uma das melhores decisões que já tomei. Servir aos outros ainda não é algo que vem naturalmente para mim, como acontece com águias como Caroline. Eu ainda tenho desafios que prejudicam minha habilidade de viver uma vida de influência positiva. Eu fico com raiva e guardo ressentimento com muita facilidade. Demoro a perdoar. Posso ser egoísta. Mas acordo todos os dias e tento ser melhor. Minha esposa me lembra frequentemente de que ela realmente aprecia meu esforço para me tornar o melhor homem que eu puder ser.

E, ao longo do caminho, eu aprendi que a regra mais importante da influência, que exploraremos extensivamente nesta seção: Você não pode amar e influenciar positivamente as vidas dos outros, até que ame e influencie positivamente a si mesmo.

O ÚLTIMO I DA INFLUÊNCIA

Eu entendo. Você provavelmente está pensando: "Outro *i* da influência? Nós já não vimos todos?"

É verdade. Discutimos os três elementos críticos — interesse, investimento e intenção — da influência positiva. Porém, existe um último *i* a ser discutido e, de muitas formas, ele é o mais importante. Ele tem tudo a ver com a sentença que você acabou de ler: Você não pode amar e influenciar positivamente as vidas dos outros, até que ame e influencie positivamente a si mesmo.

Está pronto? O último *i* da influência é… Indivíduo. Eu mesmo. Um indivíduo.

Você não pode amar e influenciar positivamente as vidas dos outros até que se ame e aprenda a cuidar de si mesmo. Levei trinta longos anos para descobrir isso e, desde então, a minha vida jamais foi a mesma.

Uma coisa engraçada é que eu estive em milhares de voos para fazer palestras sobre liderança, mas nunca percebi que uma das lições mais importantes da liderança estava bem diante dos meus olhos, toda vez que eu embarcava em um avião. Sabe, antes de decolar, você assiste a um vídeo sobre segurança enquanto os comissários de bordo apontam para as saídas de emergência. Você já deve ter ouvido isso milhões de vezes: "Em caso de uma emergência de pressurização da cabine, coloque a sua máscara primeiro antes de ajudar os outros." Se, durante uma emergência, você focar apenas em ajudar os outros, logo desmaiará por falta de oxigênio. Em vez disso, como os comissários de bordo nos instruem, devemos nos certificar de que estamos seguros antes de focarmos nossa atenção para a pessoa ao lado. É um conceito simples que também é o cerne da influência: Você pode ajudar muito mais pessoas a longo prazo ao cuidar de si mesmo primeiro.

E se aplicássemos essa lição à vida? E se passássemos mais tempo priorizando nossas próprias necessidades para que possamos servir melhor aos outros no futuro? Pode parecer contraintuitivo e até mesmo egoísta, mas imagine uma vida na qual você tem mais tempo, mais alegria e mais energia para ter um impacto maior nas vidas dos outros.

O primeiro passo para priorizar suas próprias necessidades começa com ser grato. Ser grato pelas bênçãos em sua vida. Por exemplo, eu sou grato por ter uma família bela e saudável. Sou grato porque, não importa por quantas provações passemos, nada irá nos separar. Sou grato por ter crescido com dois pais amorosos, que agora são avós amorosos. Acho que você entendeu. Ser grato significa pensar, não sobre o que você não é, mas sobre o que você é. É pensar sobre o que você tem, em vez do que não tem. Quando você diz às pessoas que são mais importantes para você o quanto as ama e o quão grato é por suas qualidades, isso amolece o coração delas e o seu também. Ser grato pelas pessoas que você ama é o fundamento para garantir que elas permaneçam na sua vida para sempre, e que seus laços apenas continuem a se fortalecer.

Quando você é grato pelas bênçãos da vida, você pode perceber como está dedicando tão pouco tempo a elas. Ter uma postura de gratidão não somente nos dá uma visão mais positiva da vida, como também nos dá uma perspectiva melhor. Há algum tempo, eu peguei um pedaço de papel e escrevi meus compromissos mais importantes. Minha fé, minha família, meus amigos e meu trabalho estavam no topo. Mas então, continuei listando 22 outras obrigações que eu tinha acumulado na minha vida, incluindo trabalho ministerial, clubes cívicos e servir em conselhos sem fins lucrativos e comitês consultivos. Essas atividades me davam um senso de contribuição. Elas me davam um grande orgulho. Contudo, eu estava me desgastando muito, me prendendo às coisas boas na minha vida que me impediam de focar nas ótimas. Eu me senti com 20 anos outra vez, acumulando conquistas para mascarar minhas inseguranças mais profundas. Essas causas eram boas e nobres, mas eu simplesmente não tinha tempo para todas elas.

Uma vez eu ouvi um homem chamado Bob Doll dizer algo que mudou completamente a minha forma de pensar. Após décadas trabalhando em firmas como BlackRock, Merrill Lynch e OppenheimerFunds, Bob explicou que, quando se trata de negócios, às vezes "o preço de focar no que é melhor é abrir mão do que é bom". Ele estava se referindo a líderes inovadores que fazem escolhas difíceis, tais como reinventar um modelo de negócios de sucesso para se preparar para um mercado futuro, mas eu percebi que a mesma ideia se aplica às nossas vidas. Eu precisava abandonar algumas das coisas "boas" na minha vida para que pudesse me dedicar ao que eu era realmente ótimo fazendo.

Logo me lembrei do que Jill havia me dito uma vez: "Às vezes eu sinto que todos têm o melhor de Tommy Spaulding, exceto a nossa família." Então eu fiz algo que uma versão mais jovem de mim jamais faria. Peguei o telefone e liguei para quase todos esses conselhos, clubes e comitês e, educadamente, cessei minha participação. Eu precisava de tempo para voltar a focar e recalibrar as minhas prioridades, foi o que eu disse. Eu estava me mascarando como um líder que não tinha tempo para liderar e precisava de tempo para me dedicar a ser um melhor marido, pai, amigo e coach de liderança. Essas eram as áreas onde eu poderia fazer uma diferença maior no mundo. Eu me preparei para o pior, pronto para ser acusado de traição, negligência e deslealdade — ou pior. Em vez disso, cada uma daquelas organizações aceitou meu pedido de renúncia com elegância e apreço. Eles disseram que respeitavam a minha decisão e me desejaram o melhor. Algumas das pessoas com quem conversei disseram que eu os inspirei a sacrificar algumas de suas próprias obrigações para dar espaço ao que mais importava.

Quando acordei no dia seguinte, era como se alguém tivesse tirado um caminhão de cimento dos meus ombros. Estranhamente, eu nunca me senti mais como um líder do que quando fiz aquelas 22 ligações e renunciei daquelas posições de lideranças. Jill e eu temos um lema: "Se tudo é importante, então nada é importante." Eu aprendi ao longo dos anos que líderes precisam ser impiedosamente intencionais com seu tempo e recursos. Eles precisam de

O Dom da Influência

tarefas e listas de afazeres objetivas para facilitar o foco no que é mais importante: influenciar a vida dos outros.

Há muito tempo, em 1938, pesquisadores da Universidade de Harvard queriam descobrir o segredo para uma vida feliz e saudável. Eles seguiram 268 universitários de Harvard, rastreando tudo, desde seus hábitos de exercícios, até suas carreiras e casamentos. Dentre os participantes originais, estavam o presidente John F. Kennedy e o famoso editor do Washington Post, Ben Bradlee. Incrivelmente, o estudo seguiu esses estudantes de Harvard por oito décadas e continua até hoje, apesar de poucos ainda estarem vivos. Mais tarde, o estudo se expandiu aos filhos e netos dos participantes.

Então, após oitenta anos, o que o estudo encontrou foi o segredo para uma vida longa e saudável? Veja o que o diretor do estudo, Robert Waldinger, disse em 2015:

"Quando juntamos tudo que sabíamos sobre [os participantes], na época dos seus 50 anos, descobrimos que não foram os níveis de colesterol da meia idade que previram como eles envelheceriam. Foi o quão satisfeitos estavam em seus relacionamentos. As pessoas que estavam mais satisfeitas aos 50 anos eram mais saudáveis aos 80.

Isso mesmo, o único fator mais importante para viver uma vida saudável não era dieta, meditação, ou exercício. Era construir laços duradouros com os outros. Como explicou o outro pesquisador principal: "O segredo para envelhecer saudável são relacionamentos, relacionamentos e relacionamentos."

Pense sobre isso por um momento. Você pode tratar seu corpo como um templo, comer todas os alimentos corretos, nunca fumar ou beber álcool e se acabar na bicicleta ergométrica todos os dias, mas se não formar relacionamentos significativos — se não levar uma vida de influência positiva — tudo isso é para nada. Isso é, em essência, o ciclo da influência: Relacionamentos, relacionamentos e relacionamentos. Eles são a chave para uma vida feliz, e por muito tempo eu vinha negligenciando os meus.

Todos nós somos completamente capazes de criar e investir em novos relacionamentos. Só é preciso esforço intencional. Um dia me acometeu a compreensão de que eu tinha me fechado para tantas pessoas maravilhosas por estar sempre viajando para vinte cidades por mês, meu peso estava variando como uma sanfona, meu nível de estresse estava no limite. Então eu escrevi os nomes de seis amigos que me influenciaram enormemente, líderes que eu acredito serem homens de fé, maridos, pais e líderes de coração. Eles estavam espalhados por todo país, de Iowa e Texas, até Washington, D.C. e Georgia. E se começássemos a nos encontrar? Apesar de eles nunca terem passado tempo uns com os outros, eu sabia que poderíamos construir algo especial. Poderíamos nos encontrar todos os meses e conviver. No meu calendário, isso seria a alicerce que eu tanto desejava, um refúgio no qual meus amigos mais próximos poderiam chorar e rir e crescer juntos.

Todos os seis concordaram instantaneamente. Nos encontramos em Des Moines, Iowa, em uma churrascaria chamada 801 Chophouse. Eu percorri a mesa e apresentei cada um — não por suas conquistas profissionais, mas por como eles haviam me influenciado. Havia Craig, pai de seis, incluindo dois filhos adotados da Etiópia. Ele levou a minha família para o México para construir casas e aprender o valor de prestar assistência aos que são menos favorecidos.

— Craig é o melhor pai que eu conheci — expliquei ao grupo. — Eu tento ser como ele todos os dias.

Então apresentei Chase, um líder sênior do Chick-fil-A, que estava no início dos seus 30 anos.

— Conheçam Chase — falei ao grupo. — Ele pode ser vinte anos mais novo que nós, mas eu nunca conheci alguém que personifica mais a liderança de coração do que ele.

— Conheçam o Brian — continuei. — Não existe um cara mais genuíno no mundo do que Brian. Ele me ensinou a ser um líder e um homem melhor.

Fui circulando a mesa, dizendo o que cada um desses líderes significava para mim, o quanto eu os amava e como eu tinha que aprender muito mais com eles. Passamos horas conversando e rindo e nos afeiçoando, consumindo uma garrafa de vinho bourbon no processo. Então, voltamos para o saguão do nosso hotel e conversamos até de madrugada. Nós sete éramos quase estranhos quando chegamos em

Des Moines, mas saímos como algo completamente diferente. Não como amigos, mas como irmãos. Nos encontramos praticamente todo mês desde então.

Nomeamos o nosso grupo de Iron Works (Afiadores de Ferro em português), com base em um dos meus provérbios favoritos: "Como o ferro com ferro se aguça, assim o homem afia o rosto do seu amigo" (Provérbios 27:17). Cada mês, nós voamos para uma cidade diferente, jantamos, abrimos vinhos e conversamos sobre coisas que nos deixam desconfortáveis. Como está seu casamento? Como está sua vida? Sua carreira? Sua fé? Sua família? Quão bom você foi para sua esposa? Quão bom você foi consigo mesmo? Nunca paramos de nos desafiar a sermos pessoas melhores de todas as formas possíveis. Não falamos sobre futebol, ou hóquei, ou política, ou outros assuntos superficiais. Nossos encontros mensais se tornaram um farol em um mar de tempestades, nos mantendo em curso quando a vida fica muito difícil para uma pessoa aguentar sozinha.

Eu aprendi duas grandes lições revolucionárias com o Iron Works. A primeira: é bom ter interesse pessoal. Eu odeio como esse termo se tornou sinônimo de "egoísmo", de ser um idiota. Minha comunidade de amigos do grupo me mostrou que ter interesses pessoais não significa ser egoísta. Todo mês, meus parceiros do Iron Works me questionam sobre algo novo que eu aprendi sobre mim mesmo. Sobre quais qualidades eu preciso trabalhar para me tornar um pai, marido e líder melhor. Sobre obrigações das quais eu me livrei para poder focar no que faço de melhor. Mas você não pode amar e servir aos outros até que ame e sirva a si mesmo. Isso se tornou o lema do grupo Iron Works.

A segunda lição que aprendi foi o valor de uma conversa genuína. Não estou falando de se juntar aos amigos para assistir a um jogo ou ao novo sucesso da Netflix. Estou falando sobre desafiar as pessoas mais importantes da sua vida a serem honestas sobre seus problemas, seus casamentos, suas ansiedades, seus medos — o que quer que eles evitem falar a respeito. Transforme abordar gentilmente esses assuntos difíceis em um hábito . Se isso o deixa mais sensível, saiba que a ciência me apoia nisso. Em um estudo renomado, os pesquisadores pediram que voluntários vestissem um dispositivo de gravação por alguns dias. Após categorizar cada conversa gravada como "conversas triviais", ou "discussões substanciais", os pesquisadores deram avaliações sobre bem-estar aos participantes, para determinar seus níveis médios de felicidade. Obviamente, os mais contentes passaram 25% menos tempo sozinhos. Além disso, eles tiveram o dobro de discussões substanciais e apenas um terço de conversas triviais em comparação aos demais participantes mais infelizes. "Nossos resultados levantam a possibilidade interessante de que a felicidade pode ser aumentada ao facilitarmos conversas substanciais", concluiu o estudo.

Qual a sua versão do Iron Works? Você tem um grupo essencial de homens e mulheres que te fazem mais forte? Você pode ter parceiros de golfe, de poker, amigos do trabalho, clube do livro, estudo bíblico e outras esferas da sua vida que raramente se cruzam. Escolha cinco ou seis dessas pessoas que você mais respeita, os relacionamentos dos quais você depende e comece seu próprio grupo. Estabeleça uma data, talvez algumas vezes ao ano, para conviverem longe do estádio, do bar e de outros alicerces frágeis que sustentam tantas amizades. Mostre-se vulnerável e cerque-se de outras pessoas que estejam dispostas a fazer o mesmo. Esforce-se para encher o seu estádio com 80 mil pessoas cujas vidas você influenciou positivamente, mas nunca se esqueça de que seu fã número um deve ser sempre você.

MULTIPLIQUE SUA INFLUÊNCIA POR 10

Algumas semanas antes de eu começar a escrever este livro, perguntei aos meus amigos o que eles pensavam das minhas ideias. A maioria ficou impressionada quando eu os pedi para se imaginarem entrando em um estádio lotado com 80 mil pessoas que eles influenciaram ao longo de suas vidas. Eles nunca pensaram sobre isso dessa forma antes. Alguns até me mandaram mensagens dias depois, dizendo que não conseguiram olhar da mesma forma para seus colegas de trabalho, clientes, ou pessoas aleatórias por quem passam todos os dias. Será que eles foram uma boa influência? Pensavam. Ou uma influência ruim?

Então, um dia contei ao meu amigo Sean Lambert sobre o meu livro.

— O que você pensa? — perguntei após terminar de tagarelar.

Sean coçou o queixo pensativo e, então disse:

— Não, eu não gostei, Tommy.

Eu ri como reflexo, pensando que ele estava brincando. Afinal, eu tinha passado mais de dois anos pensando sobre esse livro. Que tipo de amigo diria que não gostou das minhas ideias? Contudo, Sean não estava sorrindo.

— Estou falando sério, Tommy. Eu não gostei. Só duas ou três pessoas por dia? Apenas 80 mil em toda a vida? Isso não é nada! Por que você pararia em 80 mil? Por que não influenciar 800 mil, ou 8 milhões? Parece-me que 80 mil é o mínimo. Com base no que você me conta, influenciadores de verdade não param em 2 ou 3 pessoas por dia. Eles multiplicam isso por 10.

E então, Sean foi embora.

Eu fiquei lá parado, até perceber: Sean estava certo. Eu estava tão fixado em influenciar 2,8 pessoas por dia — o mínimo. Eu poderia andar sonâmbulo pela vida e, ainda assim, influenciar o mesmo número de pessoas. Nunca tinha parado para pensar no que aconteceria se eu realmente praticasse a influência da forma com que escrevo neste livro.

O próprio Sean é alguém que multiplica por 10. Ele cresceu em uma casa modesta em Minneapolis e, como eu, teve dificuldades na escola. Ele sentia que não tinha objetivo nem propósito. Ele conseguiu um emprego como empacotador no supermercado local para pagar as contas. Certo dia, um colega de trabalho, chamado Dale, o convidou para um estudo bíblico de jovens na igreja local. Os encontros semanais energizaram Sean mais do que qualquer coisa tinha conseguido antes. Dale continuou a investir em Sean, até mesmo convidando-o a se tornar um conselheiro no acampamento de verão, ensinando alunos do sexto ano sobre a Bíblia. Levou algum tempo, mas o investimento de Dale valeu a pena. Sean desenvolveu habilidades de liderança que nunca imaginou capaz de possuir. "Eu descobri a alegria de servir aos outros", escreveu ele. "Dale me disse, anos depois, que ele estabeleceu como objetivo influenciar uma pessoa na sua vida a cada ano e, em 1975, eu fui aquela pessoa." Sean estava determinado a ser alguém que fazia a diferença, assim como Dale, mas ele tinha um pensamento incômodo: em vez de influenciar uma vida a cada ano, e se ele pudesse influenciar dez? Ou cem? Ou mil?

Alguns anos depois, Sean se juntou a uma organização comunitária, a Youth with a Mission, e viajou para a Tailândia, onde ajudou milhares de refugiados de guerra cambojanos e laosenses e aprendeu a como cuidar de pessoas ao abordar tanto suas necessidades espirituais quanto as necessidades práticas. Durante década seguinte, ele trabalhou com a YWAM em Los Angeles, mobilizando milhares de jovens em programas de extensão de curto prazo. Em 1990, ele viajou com sua filha, Andrea, e outros dezessete membros do YWAM para Tijuana, no México, para construir uma casa para uma família pobre. Conforme Sean martelava e pintava sob um calor extremo, Andrea perambulava por um ônibus abandonado. Uma família em situação de rua estava vivendo dentro dele e ela rapidamente fez amizade com

Tommy Spaulding

duas irmãs gêmeas. No dia seguinte, ela fez uma pergunta ao seu pai que mudaria radicalmente sua vida e as vidas de muitos outros:

— Papai, você também vai construir uma casa para aquelas pessoas do ônibus?

A pergunta ecoou no coração de Sean pelo restante da viagem. Ela continuou a ecoar quando eles retornaram para Los Angeles. Ele pensou sobre seu mentor, Dale, que jurou influenciar uma pessoa por ano. Sean construiu uma casa para uma família pobre, mas ele percebeu que isso era o mínimo. O que o impedia de construir duas ou seis, ou dez mais?

Sean não conseguia tirar as "pessoas do ônibus" do pensamento. Então, oito semanas depois ele voltou para Tijuana, com um time de vinte estudantes do ensino médio, e construiu uma casa para a família do ônibus. A experiência o inspirou a começar um novo ministério do YWAM, chamado Homes for Hope (Casas para Esperança, em português), dedicado a construir casas para pessoas pobres. Houve muitos altos e baixos, mas eles construíram vinte casas ao longo de 12 meses. No ano seguinte, eles construíram vinte e quatro. Levou 12 anos para alcançar o número de mil casas construídas, mas apenas quatro para alcançar mais duas mil. Ao final de 2022, eles ultrapassaram as 7.500 casas, alcançaram 140 mil voluntários do Homes for Hope e providenciaram abrigo para 37.500 pessoas em 25 países.

O ponto crítico para multiplicadores como Sean é o seguinte: Eles não multiplicam o seu número de obrigações. Como vimos no capítulo anterior, esse tipo de pensamento é insustentável e um desserviço para os seus próprios relacionamentos e a sua própria felicidade. Em vez disso, eles multiplicam aquilo que são os melhores do mundo fazendo, aquilo que pode mudar a maioria das vidas. Para Sean, isso é construir casas para os pobres. Para mim, é inspirar e ensinar os outros a liderarem com o coração e terem uma influência positiva nas vidas dos outros.

Quando você diminui ativamente o escopo da influência, não há limite para o quanto poderá alcançar. Veja, por exemplo, o meu amigo, Matthew Kelly. Nascido e criado em Sydney, Austrália, Matthew foi o quarto filho dentre oito meninos. Ele foi criado como um católico devoto, mas se tornou inquieto e descontente com sua fé e sua atenção se desviou para começar uma empresa. Como um comunicador nato, ele descobriu que tinha o dom de falar publicamente. Na faculdade, ele dava palestras motivacionais e rapidamente ganhou seguidores devotos. Quando completou 20 anos, Matthew era um palestrante em tempo integral, fazendo mais de 250 palestras por ano. Em seguida escreveu os livros de autoajuda — muitos livros. Veja bem, eu tinha publicado três livros aos meus 53 anos. Pensei que isso fosse uma conquista grande, até que descobri que Matthew Kelly publicou essa quantidade antes de completar 25. Desde então ele publicou aproximadamente mais duas dúzias, que venderam, num todo, mais de 50 milhões de cópias em mais de trinta idiomas. Em algum momento você provavelmente ouviu a frase que se tornou sua marca registrada: "Torne-se a melhor versão de si mesmo."

Quando chegou aos seus 30 anos, Matthew era um escritor e palestrante extremamente bem-sucedido. Ele fundou uma empresa de consultoria de gestão que tinha dezenas de empresas clientes que apareciam na lista da Fortune 500. Porém, Matthew começou a se sentir exausto. Ele tinha os livros e as palestras e a consultoria, mas essas coisas o puxavam para três direções diferentes. Matthew tinha a energia de mil sóis, mas ele estava usando para iluminar milhões de planetas. E se ele pudesse redirecionar essa energia para algo pelo qual ele fosse realmente apaixonado? E se ele pudesse multiplicar por 10 os seus talentos para um único propósito? Os amigos de Matthew também devem ter sentido sua ambivalência, pois certo dia o confrontaram em casa e organizaram uma intervenção.

— Matthew — disseram —, você é muito talentoso para continuar fazendo o que está fazendo. Os livros de autoajuda e a consultoria são muito bons. Entretanto, esse não é o seu verdadeiro propósito. Você não está fazendo o que mais importa para você: ajudar a sua igreja.

Apesar de ter crescido um católico devoto, Matthew viu a igreja ser consumida por escândalos e perder frequentadores. Ela estava perdendo a relevância para pessoas como eu, que eram crentes ferrenhos mas se desencantaram com a direção que ela tomou. Por anos, Matthew percebeu, ele tinha desenvolvido estratégias para seus clientes corporativos melhorarem o engajamento. Por que ninguém tinha feito o mesmo pela Igreja Católica? Naquele dia,

Matthew decidiu que diminuiria as viagens e a escrita e se focaria completamente em ajudar os católicos a redescobrirem seu amor por Deus. Em 2009, ele criou uma organização sem fins lucrativos chamada Dynamic Catholic, com uma missão de "reenergizar a Igreja Católica nos Estados Unidos, desenvolvendo os melhores recursos do mundo para inspirar as pessoas a redescobrirem a genialidade do catolicismo." A primeira tarefa de Matthew foi financiar um estudo nacional sobre o engajamento da Igreja Católica. Os resultados foram preocupantes e claros: A Igreja precisava se modernizar. Ela precisava aceitar as críticas e trazer os jovens de volta.

Então Matthew começou a trabalhar. Ele desenvolveu uma visão para a Igreja e convidou líderes para se juntarem a ele. Das 15 mil paróquias católicas nos Estados Unidos, mais de 12 mil estão agora utilizando ao menos um programa da Dynamic Catholic. Seu livro de 2017, Beautiful Hope, incluiu um ensaio do próprio Papa Francisco. Na verdade, foi por conta de Matthew que eu me reconectei com a minha própria fé. Após mencionar a ele que eu estava com dificuldades de retornar para a igreja, ele me convidou para palestrar na sede da Dynamic Catholic, em Cincinnati. Passei um fim de tarde com seus funcionários incríveis — a maioria jovens, como Jack Beers, que estava empolgado para ajudar católicos e suas paróquias a se tornarem versões melhores de si mesmos. Eles me ajudaram a entender o motivo de eu ter me afastado da igreja e de eu querer desesperadamente voltar.

Permita-me contar a parte mais bonita de ser alguém que multiplica por 10. Claro, existem influenciadores como Sean Lambert, que estão literalmente salvando vidas. Há influenciadores como Matthew Kelly que, sozinhos, estão reformando a instituição mais antiga do mundo. Porém, a maioria dos multiplicadores estão vivendo vidas mais sossegadas. Tome como exemplo a minha amiga próxima, Lisa Haselden. Você entenderia se ela não tivesse se tornado uma pessoa tão boa. Seu pai era alcoólatra e sumiu de sua vida na adolescência. Ela não o vê há mais de duas décadas. A mãe de Lisa, por sua vez, sofria com transtornos psicológicos e era incapaz de fazer o seu papel como mãe. Ela foi verbalmente abusiva com Lisa durante toda a sua infância. A situação era tão dolorosa que Lisa nunca aprendeu a chamar a sua mãe de mamãe. Ela era apenas Sharon. Eu trabalhei com milhares de crianças na minha vida e sei como é difícil ter uma vida adulta normal quando seus

O Dom da Influência

pais são tão problemáticos assim. Pode levar anos, até mesmo décadas, de terapia para construir empatia e reconquistar a fé nas pessoas.

Contudo, a Lisa é uma multiplicadora. Quando ela tinha seus 20 anos, ela encontrou sua alma gêmea, Byron, e uma das primeiras coisas que eles fizeram após se casarem foi comprar uma casa para a pessoa que Lisa nunca pôde chamar de mãe. Quando Ernie, o pai da minha esposa, faleceu, alguns anos atrás, Lisa viajou por duas horas para comparecer ao funeral, apesar de mal tê-lo conhecido. Quando nosso amigo, Mark Burke, faleceu subitamente, Lisa tomou como seu trabalho cuidar da família dele. Ela até ajudou o filho de Mark a comprar um anel de noivado para que ele pudesse pedir sua namorada em casamento. Uma vez eu perguntei a ela como conseguia doar tanto de si após ter tido uma infância terrível. Ela disse simplesmente:

— Eu nasci em um buraco muito fundo, Tommy, mas estou escalando da minha maneira ao servir ao máximo de pessoas que puder. Eu faço isso por mim mesma e faço por eles.

Lisa é uma das influenciadoras do dia a dia mais incansáveis que conheço e é a prova viva de que multiplicadores não precisam ser celebridades com milhões de seguidores nas redes sociais. Eles não precisam reformar instituições de 2 mil anos, construir centenas de casas para os pobres, ou comandar organizações multinacionais sem fins lucrativos. A versão da Lisa de multiplicar é simplesmente acordar de manhã e perguntar a si mesma: "A quem, na minha comunidade, eu posso servir hoje?"

Até agora, eu quis que você pensasse sobre o número 80 mil: o número de vidas que uma pessoa média influencia em sua vida. Porém, em um mundo cheio de médias — em um mundo cheio de gaivotas —, como seria se você pudesse se destacar? Considere o que significa para você viver uma vida de multiplicação. Qual é aquela coisa que você faz de melhor e que tem a capacidade de inspirar os outros a mudarem suas vidas? Como você poderia simplificar sua vida para que tenha tempo, energia e amor para dedicar-se a isso?

Por muitos anos evitei essas questões. Eu estava contente escrevendo livros e viajando o país dando palestras sobre liderança. Pensei que essa era a melhor forma com a qual eu poderia influenciar a vida das pessoas positivamente. Mas, então, uma coisa engraçada aconteceu. Eu estava em um hotel em Miami, alguns meses depois de terminar o primeiro rascunho do meu livro, quando me deparei com ninguém menos que Sean Lambert na piscina.

Quando mencionei que tinha terminado O *Dom da Influência*, ele franziu o cenho.

— Ei, Tommy, espero que eu não tenha lhe ofendido naquela vez que disse que não gostei da sua ideia. É só que eu penso que Deus o colocou neste mundo para fazer mais que vender livros e ser coach de pessoas de negócios. Penso que milhões e milhões de pessoas deveriam ouvir a sua mensagem. Qual você acha que é a melhor forma de fazer isso?

E então, outra vez, Sean se afastou.

A verdade é a seguinte, eu sabia a melhor forma de multiplicar a minha influência e estava com muito medo de seguir em frente com isso. Eu compreendi meu sonho desde que entrei no auditório da Suffern High School e assisti a apresentação da Up with People, há 35 anos. Naquele dia, eu aprendi sobre o poder da comunidade, da diversidade e da música. Quando me juntei àquela organização, eu vi em primeira mão o que acontece quando jovens de origens diferentes, de cada canto do globo e de cada raça, etnia e religião se unem para construir pontes de compreensão.

Depois que Sean me desafiou pela segunda vez, eu percebi que tinha que voltar às minhas raízes e retornar ao lugar onde tudo começou. Minhas décadas de experiência construindo organizações sem fins lucrativos e uma empresa de treinamento de liderança me levariam de volta ao auditório daquela escola de ensino médio, dessa vez no comando do meu próprio programa nacional de liderança para jovens. Eu até mesmo sabia exatamente como gostaria de nomear meu movimento: Red, White, and YOU (Vermelho, Branco e VOCÊ, em português). Meu objetivo de multiplicação é alcançar cada escola de ensino médio nos Estados Unidos com um elenco de jovens que se parecem, falam, e cantam como americanos. Negros, brancos, gays, héteros, católicos, ateus, liberais, conservadores, cantores de música country e rappers — todos serão bem-vindos. Ensinaremos os alunos a amarem seu país, amar seus colegas de classe e amarem a si mesmos. Inspiraremos a juventude a apreciar as liberdades delicadas que eles têm e contribuir

O Dom da Influência

da maneira que puderem. Red, White, and YOU lembrará jovens americanos, mais uma vez, que não se trata do que o país pode fazer por eles, mas o que eles podem fazer pelo país. Com um puxão de orelha por parte do meu amigo Sean, eu finalmente decidi multiplicar minha influência, e mal posso esperar pelo que está por vir.

Qual o seu sonho de multiplicação? Se seus amigos te jogassem em um quatro e se recusassem a deixá-lo sair até que você surgisse com uma ideia para supercarregar a sua influência, qual seria essa ideia? Quando descobrir qual é, vá em frente e preencha seu estádio — então preencha outro. Preencha mais dez com fãs animados cujas vidas melhoraram dez vezes mais por causa do dom da sua influência. Nesse processo, algo lindo acontecerá: conforme aprendi repetidas vezes, quando a vida lida com você com mãos cruéis, quando você está no fundo do poço, quando precisa desesperadamente que uma águia voe e te dê uma carona, você encontrará dez estádios cheios de pessoas prontas para retribuírem o seu dom da influência dez vezes mais.

EPÍLOGO

TRÊS PERGUNTAS

Há alguns anos, antes de eu começar a escrever este livro, Jill e eu comparecemos a um jantar em Denver e nos sentamos ao lado de uma mulher extraordinária chamada Tina. Conversamos com Tina e ela explicou que trabalhava numa clínica de repouso para pacientes com câncer em estágio terminal. Quando perguntei a Tina qual era a coisa mais importante que ela aprendeu com o trabalho, ela pausou por alguns momentos antes de explicar que muitos dos pacientes dela não têm mais os familiares. Ela se orgulha muito de dar banho neles, ajudá-los a se vestir e tratar das suas necessidades médicas. Mas a sua lição mais importante veio de ouvir as histórias deles e simplesmente ser uma testemunha dos seus últimos dias.

— A coisa mais importante que aprendi — contou Tina —, são as três perguntas que meus pacientes sempre fazem: Eu fui amado? Eu amei de volta? Eu fiz alguma contribuição? Essas são as perguntas que meus pacientes me fazem toda vez. Esse é o legado deles e é meu trabalho aprender o máximo que puder sobre a vida deles, tranquilizá-los e trazer-lhes paz antes de partirem. Você não tem ideia do quanto eu sou grata a eles. Eu posso fazer a mim mesma essas perguntas agora, enquanto ainda há tempo para fazer a diferença.

O Dom da Influência

Por alguma razão, mais tarde naquela noite, minha mente vagou para o meu tempo de calouro na East Carolina University. Eu morava em frente a outro aluno, chamado Steve, que cresceu em Outer Banks, Carolina do Norte. Alguns anos antes, Steve estava com seus amigos em seu barco, para um fim de semana de pescaria. Eles se afastaram uns bons quilômetros da costa, para além da plataforma continental, onde o oceano tem mais de 1 km de profundidade. Ao final de um dia quente, Steve tirou a camisa e mergulhou de cabeça. Naquele exato momento, naquela exata faixa de oceano remoto, uma grande tartaruga marinha passou nadando. Steve bateu com a cabeça no casco do animal e ficou, instantaneamente, paralisado da cintura para baixo. Foi um acidente bizarro, estranhamente parecido com o que aconteceu com meu amigo Chad Harris, que conhecemos anteriormente neste livro. Steve me explicou que ele tinha se conformado com o seu infortúnio, mas às vezes ainda se perguntava: "Por que eu?" Quando eu estava sentado naquele voo da Southwest Airlines, rezando para o avião cair, eu pensei a mesma coisa: Por que eu? Por que e estou tão depressivo? Por que está tudo dando errado para mim? Por que o meu mundo está desabando?

Percebi que a maioria de nós fica obcecado com a pergunta "Por que eu?" durante toda a vida. Ela corrói o nosso cérebro nos piores momentos. Por que o pai do Anthony me odeia? Por que a minha franquia de sanduíches falhou? Por que Deus me deu dislexia? Por que Ele me deu um ceceio? Por que Ele colocou uma tartaruga marinha debaixo daquele barco? Nunca conseguimos respostas para essas perguntas — jamais as teremos — e, ainda assim, agonizamos por causa da injustiça. Não é até sermos confrontados pela morte que finalmente fazemos as três perguntas importantes. As três perguntas que, na verdade, podemos responder se entendermos a influência que temos na vida dos outros.

Eu fui amado? Eu amei de volta? Eu fiz alguma contribuição?

Imagine ser capaz de responder a essas perguntas antes de sermos velhos, antes que nossos corpos falhem conosco e sejamos deixados aos cuidados de almas generosas como a Tina. Em vez de perguntar "Por que eu?" o que aconteceria se fôssemos para a cama a cada noite gentilmente repetindo: "Eu sou amado. Eu amei de volta. Eu fiz uma contribuição." Quão maravilhoso seria isso?

Em 17 de outubro de 2021, algumas semanas depois de eu terminar o primeiro rascunho deste livro, eu me descobri fazendo outra pergunta: "Por quê?" Eu tinha acabado de receber a notícia de que a filha de um primo, Madelyn Nicpon, havia falecido após se engasgar durante uma competição de comer cachorros-quentes para arrecadar fundos para uma caridade. Ela tinha apenas 20 anos. Foi um acidente bizarro, 1 em 1 milhão.

Por que ela? Pensei. Ah, Deus, por que ela?

Madie cresceu na minha cidade natal e era tudo o que eu não tinha sido na sua idade. Ela tinha uma média acima de 4,0, foi copresidente do National Honor Society e uma excelente jogadora de hóquei sobre a grama e de lacrosse. Quando entrou para a Tufts University, ela pretendia cursar medicina e se tornar pediatra. Ela era um daqueles raros indivíduos que tem sucesso em tudo que fazem, que sabia exatamente qual era o seu propósito na vida. Ela era uma verdadeira águia.

Alguns dias depois, eu voei até Nova York para o memorial. Estava esperando uma grande multidão — sua mãe, seus amigos de escola e da faculdade, seus colegas de time de lacrosse, talvez alguns técnicos e professores. O que eu vi quase me deixou de joelhos. Milhares de pessoas compareceram à Church of the Presentation, em Saddle River, Nova Jersey. Ônibus atrás de ônibus cheios de alunos da Tufts University que fizeram uma viagem de 320 km, desde Boston, para dar adeus à Madie — ou Scooter, como eles a chamavam carinhosamente. Seus colegas do ensino médio vieram de universidades de todo o país para dizer adeus. No total, mais de 5 mil pessoas fizeram fila do lado de fora da igreja para se despedir. O padre que celebrou a missa disse que era a maior multidão que ele já vira em um funeral.

Durante a missa, as pessoas contaram histórias sobre como Madie sempre colocava os outros em primeiro lugar. Como ela animava as pessoas com sua risada contagiosa. Como ela era voluntária para o EMS (serviços médicos de emergência) e dos paramédicos. Como ela viajou duas vezes para a Jamaica em missões para ajudar órfãos e crianças com deficiência. Como ela ajudou

O Dom da Influência

a acalmar crianças e pais no escritório pediátrico onde ela trabalhava de meio período. Naquele momento, eu estava realmente sentado no estádio de Madie, cercado por milhares de estranhos que a amavam tanto quanto eu.

Então eu aprendi algo sobre Madie. Após precisar fazer um enxerto de nervo depois de uma cirurgia de remoção do siso, ela se tornou uma ativista incansável para doação de órgãos. Quando Madie partiu, seu corpo foi colocado em suporte de aparelhos para que seus órgãos pudessem ser preservados. Seus belos olhos deram a visão para um paciente cego. Seus rins salvaram a vida de duas mulheres. Seus tecidos, pulmões, ossos e nervos mudarão vidas de muitos mais. Madie viveu apenas por curtos 20 anos, mas sua influência irá permanecer.

Eu jamais saberei o porquê de Madie ter sido tirada de nós tão cedo. Mas de uma coisa eu sei: Ela nunca foi o tipo de pessoa que perguntava "Por que eu?" Depois de ver todos aqueles ônibus parados para o memorial, depois de ver as milhares de pessoas que a amavam e que ela amava de volta, depois de ouvir as histórias de como ela contribuiu para a sua comunidade — eu sabia. Sabia que ela viveu cada dia confiante nas respostas das três perguntas de Tina. "Eu fui amada?" "Eu amei de volta?" "Eu contribuí com algo?" Seu legado continuará respondendo essas perguntas para aqueles que não a conheceram.

A vida de Madie é um testemunho do poder indelével da influência positiva: como qualquer um — desde professores do ensino médio, jogadores de hóquei, líderes de gangues, freiras católicas, universitários de 20 anos e até você, que está lendo essas palavras agora mesmo, podem mudar vidas radicalmente, apenas se escolher fazê-lo. Nós podemos viver uma vida incrível de influência ao falar menos e escutar mais. Ao investir nas vidas das outras pessoas sem esperar nada em troca. Ao ajudar os nossos seguidores a se tornarem mais bem-sucedidos do que nós. Ao escolher amar as pessoas que não fazem parte da nossa órbita próxima. E, acima de tudo, ao permanecer sendo humildes.

Não posso responder as perguntas "Por que eu?" da vida. Você terá que buscar em outro lugar por isso. Porém, eu posso te prometer o seguinte: Dedique-se a uma vida de influência positiva — levantar os outros quando eles estiverem desanimados, envolvê-los quando eles forem rejeitados e agir quando eles precisarem — e eu prometo que você não precisará se perguntar: "Eu fui amado?" "Eu amei de volta?" "Eu contribuí com algo?"

Você já saberá.

AGRADECIMENTOS

Eu passei os últimos dois anos pensando mais sobre aqueles 80 mil assentos de estádio que ocuparei do que quem estará aplaudindo no meu. Há muitas pessoas especiais que tornaram *O Dom da Influência* algo do qual eu estou incrivelmente orgulhoso. Estou gritando a todos os pulmões para as pessoas a seguir e seus incríveis dons de influência:

Ao meu ghostwriter, Nick Broomley, por sua paciência e profissionalismo inabaláveis.

Ao meu agente literário, Michael Palgon, por trazer o melhor a essas páginas, mas também o melhor de mim.

À minha editora e querida amiga, Tina Constable, por acreditar no que eu tenho a compartilhar com o mundo.

Ao meu editor, Derek Reed e a toda a equipe da Penguin Random House. Obrigado por dar tanto amor e atenção a este projeto.

Ao nosso time do Tommy Spaulding Leadership Institute: Chelsey Panchot, Kaylee Hanson, Mitch McVicker e Lauren O'Grady. Vocês quatro fazem isso TUDO acontecer. Obrigado por mudarem vidas todos os dias.

À minha colega e amiga, Catie Hargrove. Obrigado por colocar seu coração e sua alma nos nossos retiros Heart Led Leader.

Aos meus parceiros do Grupo de Homens Iron Works. Eu amo viver com vocês, Brian Flegel, Chase Shaw, Jon Sefton, Doug Ecklund, Craig Porter e Matt Fryar.

Aos meus mentores, Bill Graebel, Jerry Middel, Walt Rakowich, Steve Arterburn, Frank DeAngelis e Scott Lynn. Eu sou quem sou hoje graças a vocês seis.

A todos os doadores e voluntários do Ben Graebel National Leadership Academy e do Global Youth Leadership Academy. Obrigado por ajudarem a mudar os corações e as mentes de milhares de jovens líderes.

À Beth Sargent e aos meus queridos amigos gerentes-gerais na FLCMAA e na CMAA. Obrigado por me ajudar a trazer líderes de coração ao setor dos clubes.

A Corey Turer, Garry Dudley, Bobby Creighton, Lisa e Byron Haselden, Ted Trask, Scott Diggs, Joe Krenn, Chris Hennessy, Charlie Host, Matt Lambert, Chip Misch, Chris Kisch, Terry Adams e Andy Newland. Vocês são os melhores amigos que alguém pode querer.

Aos meus pais, Tom e Angie Spaulding & Diane e Lou Marino, por seu amor incondicional e por acreditarem em mim.

Às minhas irmãs, Lisa Marie e Michele Joy. Nosso avô estava certo. As três coisas mais importantes na vida são: família, família e família.

À minha esposa, Jill. Obrigado pelo dom de sua influência, pelo presente do seu amor e por ser o melhor ser humano que eu conheço. Lar é apenas outra palavra para descrever você.

Aos nossos filhos Anthony, Caroline e Tate. Sua mãe e eu somos incrivelmente abençoados por ver vocês três voarem como águias.

E toda a glória ao meu Pai do céu. "Tudo posso Naquele que me fortalece" (Filipenses 4:13).

SOBRE O AUTOR

Tommy Spaulding é fundador e presidente da Tommy Spaulding Leadership Institute, uma empresa de desenvolvimento, palestras, treinamento e coaching executivo e liderança, localizada em Denver, no Colorado. Palestrante de renome internacional, Spaulding já palestrou para milhares de organizações, associações, instituições educacionais e corporações ao redor do globo. Seu primeiro livro, *It's Not Just Who You Know: Transform Your Life (and Your Organization) by Turning Colleagues and Contacts into Lasting, Genuine Relationships* [Sem tradução para o português], publicado pela Penguin Random House, em 2010, subiu rapidamente até o topo das listas de best-sellers do New York Times, do Wall Street Journal e do USA Today. Seu Segundo livro, *The Heart-Led Leader*, publicado pela Penguin Random House em 2015, é um best-seller nacional do *New York Times* e número 1 do *Wall Street Journal* e também foi listado no Top 100 Livros de Negócios do Inc.com. Spaulding veio a se tornar o presidente e o CEO mais jovem da celebrada organização de liderança, Up with People. Ele é fundador e presidente da Global Youth Leadership Academy e da National Leadership Academy, ambas organizações nacionais altamente aclamadas de desenvolvimento de liderança no ensino médio. Anteriormente, Spaulding foi gerente de vendas parceiro de negócios na IBM/Lotus Development e membro do programa Japan Exchange and Teaching (JET). Ele obteve um diploma de bacharelado em ciência política pela East Carolina University (1992); um MBA pela Bond University, na Austrália (1998), onde foi bolsista da Rotary International e obteve um mestrado em gestão sem fins lucrativos pela Regis University (2005). Em 2006, Spaulding recebeu o prêmio Outstanding Alumni Award pela East Carolina University, e em 2007, Spaulding recebeu o título honorário de Doutor em Humanidades pelo Art Institute of Colorado. Em 2012, Spaulding foi nomeado pela revista *Meetings & Conventions* como um dos 100 Palestrantes Favoritos da Nação. Spaulding mora em Denver, Colorado, e Faribault, Minnesota, com a esposa e filhos.

tommyspaulding.com

CONHEÇA OUTROS LIVROS

JÁ OUVIU FALAR DE "INTIMIDADE PASSAGEIRA"?

Este é um livro sobre conversar, mas também um livro sobre ver, ouvir, estar atento ao mundo. Mostra como as nossas conexões mais momentâneas podem ser líricas e profundas, ampliando a compreensão e aprofundando a percepção sobre as pessoas que são desconhecidas.

- Influência
- Conexões Profundas
- Autoajuda

UM MONGE BUDISTA, UM FILÓSOFO E UM PSIQUIATRA ABORDAM TEMAS DIFERENTES, COMO O ALTRUÍSMO, O EGO, A CULPA E O PERDÃO

Em doze capítulos os autores Matthieu Ricard, Alexandre Jollien e Christophe André se uniram para "falar com o coração" sobre diversos assuntos que perpassam a existência humana: desde aqueles que os apaixonam e inspiram até os que os preocupam e atormentam, discorrendo sobre suas trajetórias pessoais e compartilhando as lições aprendidas ao longo do caminho.

- Mindfulness
- Bem-estar
- Autoajuda

Todas as imagens são meramente ilustrativas.

Este livro foi impresso nas oficinas gráficas da Editora Vozes Ltda.,
Rua Frei Luís, 100 – Petrópolis, RJ.